T0196435

UN AUTRE REGARD DU DEVELOPPEMENT

LE DEVELOPPEMENT CONSCIENT

GUTU KIA ZIMI, PH.D

authorHOUSE®

AuthorHouse™
1663 Liberty Drive
Bloomington, IN 47403
www.authorhouse.com
Phone: 1-800-839-8640

Published by AuthorHouse   02/27/2012

ISBN: 978-1-4685-5801-2 (sc)
ISBN: 978-1-4685-5802-9 (e)

Library of Congress Control Number: 2012903839

TABLE DES MATIERES

DEDICACE

En souvenir de mes amis
Architecte Leon Kintadi Don N'siku
Professeur Pierre Sungi Mawanda
A jamais pour l'eternité

PREFACE

Ce livre constitue une interpellation sur un domaine qui est d'actualité et d'importance pour la promotion de la société humaine: le développement. Il propose un nouveau concept sur lequel nous pourrions nous interroger: le développement conscient, c'est quoi? En quoi diffère le concept de développement conscient des autres concepts sur le développement proposés jusqu'ici par tous les acteurs qui interviennent dans le processus du développement ou de la promotion humaine? En d'autres termes, quelle est l'originalité du nouveau concept proposé? C'est ici que nous voulons signaler le courage et le mérite de l'auteur. En effet, dans ce livre, l'auteur passe d'abord brièvement en revue et discute les différents concepts de développement les plus en vogue dans la littérature à savoir: le développement considéré comme croissance économique, le développement communautaire, le développement intégral et intégré, le développement endogène, le développement autocentré, le développement rural intégré, le développement durable, l'écodéveloppement, le développement humain, etc. L'auteur montre que chaque concept de développement est lié à une réalité des faits, qui ont caractérisé l'évolution historique des communautés. Il donne pour chacun des concepts les circonstances qui ont valu à son élaboration. Ainsi, par exemple, le développement endogène prône l'idée d'un développement qui a une origine interne, un développement dont l'impulsion part de l'intérieur d'une société ; le développement durable propose un développement qui tient compte des préoccupations actuelles et celles des générations futures; l'écodéveloppement est favorable à un développement qui fait recours aux solutions ou savoir local pour résoudre les problèmes locaux; le développement intégral traduit la vision chrétienne du développement qui vise l'épanouissement de tout homme et de tout l'homme. Les concepts de développement en vogue mettent l'accent sur l'économique, la technologie et le savoir scientifique dans la recherche du bien-être global des communautés. Mais, il apparaît de plus en plus évident que les graves problèmes actuels de l'humanité ne sont pas d'ordre scientifique ou technologique, mais d'ordre moral, car s'ils étaient d'ordre scientifique ou technologique, nous aurions pu déjà les résoudre selon l'affirmation de Loron Wade : « « *So why do we still have hunger, violence, tyranny, because the worst problems of the age are not scientific but moral problems. If they were scientific or technological problems, we would have solved them long ago*". (Wade Loron, The ten commandements, 2006, Ed.Gerald Wheeler, USA).

De même, comme le souligne le Pape Jean Paul II: « *Le mal ne constitue pas dans l' « avoir » en tant que tel mais dans le fait de posséder d'une façon qui ne respecte pas la qualité ni l'ordre des valeurs des biens que l'on a, qualité et ordre des valeurs qui découlent de la subordination des biens et de leur mise à la disposition de l' « être» de l'homme et de sa vraie vocation. La recherche exclusive de l'« avoir» fait dès lors obstacle à la croissance de l'être et s'oppose à sa véritable grandeur* ». (Jean Paul II : Lettre encyclique Sollicitudo Rei Socialis, 1988). Les affirmations de Rolon Wade et du Pape Jean Paul II insistent sur la dimension morale et éthique du développement. C'est ici que le concept de développement conscient vient compléter les autres concepts déjà élaborés au fil de temps et trouve son originalité. Pour l'auteur, le développement conscient, loi d'être une utopie intellectuelle, voudrait concilier les aspects matériels (croissance), spirituels, culturels, sociaux, moraux, éthiques, etc. du développement dans la perspective et la finalité d'un développement caractérisé non seulement par l'aspect économique de la croissance et par l'acquisition des biens matériels, mais aussi par les aspects moral, spirituel, culturel, social et éthique tels que l'affirment

Donella et Aurelio Pecci : « Never failled to conclude that the answers to the world's problems begin with a new humanism » (Donella, M. et all., Limits to growth, 2004, Chelsea Green Publishing, USA). Le développement conscient veut répondre au paradigme de Hirschman qui dit : « *Au bout du chemin il sera alors possible d'apercevoir une sorte de science sociale qui serait très différente de celle que la plupart d'entre nous ont pratiquée ; une science moralo-sociale... où les considérations morales n'auront plus besoin d'être introduites en fraude ni d'être exprimées inconsciemment, mais pourront être exposées ouvertement et innocemment. Voici en tout cas la science sociale dont je rêve pour nos petits-enfants* » (Hirschman, cité par Elsa Assidon, Les théories économiques du développement, 1992). Le nouveau concept de développement se fonde sur ce que Mahesh Maharishi dit : « *Le facteur déterminant de la qualité de la vie dans la société, c'est le niveau de cohérence ou d'intégration de la conscience collective* » (*Maharishi Mahesh Yogi : Life supported by natural law, Age of Enlightement Press, Washington DC, 1986*).

Pour l'auteur, le développement conscient se caractérise essentiellement par son caractère global, car il englobe toutes les caractéristiques des autres concepts de développement évoqués, en insistant sur le fait que le développement, pour qu'il soit communautaire, intégral et intégré, endogène, durable, humain, etc., il doit être avant tout conscient, car c'est la conscience, et elle seule, qui devrait permettre la réalisation des objectifs poursuivis par les différentes communautés. Le concept de développement conscient s'oppose au modèle de développement actuel fondé sur les performances de la croissance et le libéralisme économique, en se souciant très peu du niveau des ressources et de leur épuisement. Cette envie d'acquérir le plus de biens possibles, parfois sans modération, est à la base des conséquences fâcheuses qui caractérisent l'humanité actuelle : pauvreté aiguë, mépris des intérêts des minorités, exploitations exagérées des ressources, dégradation de l'environnement, conflits d'intérêts, mépris des valeurs universelles, domination économiques et militaires, etc. Pour le concept de développement conscient, l'objectif de développement d'une société, est de procurer à ses membres une qualité de vie meilleure, c'est-à-dire satisfaire les besoins des individus et des communautés tout en assurant la pérennité de la société et de se donner les structures et les moyens correspondants pour atteindre cet objectif. Le développement doit être un acte conscient, car le développement sans conscience est ruine des communautés. La particularité du nouveau concept proposé réside dans le fait que la conscience devient un facteur de croissance et de développement. En effet, l'accroissement de la conscience dans la production ne peut que contribuer à la croissance et au développement économique, ainsi qu'à la meilleure répartition de cette croissance au sein de la communauté. Une prise de conscience individuelle et collective doit être à la base des solutions des questions de développement de la communauté. La conscience collective d'une communauté représente, en effet, la totalité de la conscience du groupe. Maharashi affirme que : « *la force fondamentale qui gouverne la qualité de la vie sociale est la conscience collective de la société* » (Maharashi Mahesh Yogi, Creating an ideal society, Ed. Meru Press, Rheinweiller, West Germany, 1977). Le concept de développement conscient est avant tout un processus d'imagination consciente caractérisé par des actes conscients en réponse aux différents problèmes de la communauté, grâce à l'action éducative suivant une « socio » logique. Le concept de développement conscient veut répondre à cette affirmation de Herbert Agar : « *La vérité qui rend les hommes libres est celle que les hommes n'aiment pas entendre* » (Herbert Agar cité par David Icke : Tales from time loop, Ed. Bridge of Love, MI, USA, 2003).

Le concept de développement conscient, selon l'auteur, doit conduire à « *une révolution de la conscience* » qui est aussi fondamentale que l'ont été les révolutions scientifiques, industrielles et technologiques. (Théodore Monod, Qui règnera demain? La qualité ou la quantité, 1979). Cette vision d'une révolution de la conscience constitue une particularité et tous les aspects sus-évoqués montrent l'originalité du concept proposé. Il faut avoir le courage de le faire, et l'auteur n'a pas hésité de lancer un nouveau concept, tout en sachant que dans la jungle de la science ou des idées, que cela ne soit pas immédiatement accepté. Son grand mérite, c'est d'avoir osé.

Dr. Félicien Lukoki Luyeye
Professeur Ordinaire
Faculté d'Economie et Développement
Université Catholique du Congo

"Every revolution was first a thought in one man's mind, and when the same thought occurs in another man, it is the key to that era"

R. W. Emerson

CHAPITRE I

INTRODUCTION GENERALE

Les modèles de développement jusque là admis et soutenus par les auteurs originaires des pays développés sont fortement critiqués aujourd'hui tant` dans ces derniers pays que dans les pays en développement[1]. Déjà à la fin des années 1960, les théories du développement basées sur l'équation Croissance = Développement d'une part, comme équilibre synchronique, c'est-à-dire à un moment déterminé (telles que : les modèles classique et néo-classique et les modèles postkeynésiens) et, d'autre part, comme équilibre diachronique, c'est-à-dire suivant l'évolution dans le temps (telles que l'école historique, les modèles de croissance, et le modèle marxiste) avaient conduit à une impasse[2]. Un certain nombre de prémisses fondamentales s'exprimant par le questionnement suivant « *quelles ont été les causes et les facteurs de cette croissance économique* »[3] n'ont pas résisté à l'épreuve de l'expérience, qu'il s'agisse de celles qui concernent l'essence et la nature même du développement ou de celles qui portent sur les conditions internes et externes du développement ainsi que sur les objectifs et les moyens nécessaires à l'établissement de ces

---

[1] O. PINO SANTOS, « Développement endogène et nouvel ordre économique international: genèse, situation actuelle et perspectives », dans X. GREFFE, Sciences économiques et développement endogène, Unesco, Paris, 1986, p. 221.

[2] O. PINO SANTOS, ibid, p.241.

[3] J. SEGHERS, Les conditions du progrès humain, Cepas, Kinshasa, 1996, p.54.

conditions[4]. Ces modèles de développement ont plus privilégié l'aspect matériel et financier, caractérisé surtout par la rentabilité économique, que l'aspect social dans ses valeurs humaines. Récemment encore, les programmes d'ajustements structurels préconisés par le Fonds Monétaire International (FMI) s'alignaient sur cette logique prioritaire de croissance économique en appliquant les critères dits de performance, qui asphyxient davantage les économies des pays en développement. On se souviendra que ces programmes ont nécessité la mise en œuvre des mesures correctrices par l'application des programmes de dimension sociale de l'ajustement (DSA) et plus récemment encore par l'élaboration des documents de stratégie pour la réduction de la pauvreté (DSRP). Ces modèles de développement constituent un frein au développement des communautés parce que d'une part, ils ne permettent pas une intégration socio-économique de ces dernières, et d'autre part, ils contribuent surtout à leur marginalisation économique.

A ce sujet, Etienne Ndongala Tadi Lewa soutient même que les systèmes économiques modernes présentent de nombreux freins à l'intégration des sociétés traditionnelles[5]; tandis que Samir Amin évoque la dominance du mode de production capitaliste en tant que système mondial dominant, organisé et hiérarchisé, qui capture tous les autres modes de production sous sa sphère et les soumet à ses propres lois[6]. Le modèle de développement préconisé et soutenu au niveau mondial est

---

[4] I. ALECHINA, « The Contribution of United Nations System to Formulating Development Concepts", in "Differents Theories and Practices of Development, UNESCO, Paris, 1982, cité par O. PINO SANTOS, op.cit. p. 242.

[5] E. NDONGALA TADI LEWA, « Les mutations structurelles de l'économie traditionnelle dans le Bas-Congo sous l'impact de la colonisation et de la décolonisation », dans Cahiers économiques et sociaux, vol IV, n° 1, Mars 1966, p.3.

[6] S. AMIN, Le développement inégal, Essai pour les formations sociales du capitalisme périphérique, Ed. de Minuit, Paris, p.17.

celui qui s'appuie principalement sur les performances économiques définies en termes de croissance ou développement économique. Cette conception du développement favorise et engendre la pauvreté, qui est aujourd'hui une des grandes menaces pour l'avenir de la planète, étant donné que les richesses accumulées sont à la base de graves inégalités et autres conflits, car ne profitant pas à la majorité des communautés. E.E. Hagen affirme d'ailleurs qu'en réalité, la croissance économique peut rendre les familles pauvres plus pauvres encore[7]. Il va sans dire que ce modèle favorise plus l'accumulation des richesses (biens matériels) au détriment de l'homme et de son environnement et surtout de ses valeurs morales et sociales, humaines et spirituelles. Ce modèle de développement, qui tire son fondement de la croissance économique, favorise aussi le développement d'une société de consommation au détriment du niveau des ressources et de l'environnement. Cette situation nécessite la réorientation de la croissance et du bien-être dans les pays en développement, c'est-à-dire qu' « *il nous faut promouvoir à la fois une croissance et une autre croissance* »[8]. Cela suppose alors des profondes mutations et adaptations de ces économies parce qu'elles rompent l'équilibre de l'environnement, mettant ainsi en cause la survie de l'homme. Il est clair que les différentes théories et modèles de développement qui ont successivement caractérisé les décennies de développement ont montré leurs faiblesses en ce qui concerne les limites des ressources naturelles. Le premier rapport du Club de Rome lançait un avertissement en disant : « *Si l'humanité continue malgré tout à produire et à consommer de façon croissante, la production et la*

---

[7]   E. E. HAGEN, Economie du développement, Economica, Paris, 1982, p.11.

[8]   J. M. ALBERTINI, Les mécanismes du sous-développement, ED. Ouvrières, Paris, 1967, p. 287.

consommation devront un jour cesser sous la pression des forces désormais incontrôlables et amèneront la faillite du système »[9].

Cette situation nous oblige de réfléchir et de repenser la conception du développement actuellement en vogue. Le mythe de la croissance, quelle qu'elle soit, garde encore, à tout prix, un pouvoir séducteur dans nos esprits. Le rejet de l'idée de la croissance pour la croissance nous conduit vers un avenir qui nous permettrait d'orienter notre réflexion et d'entrevoir un nouveau type de développement, à savoir un développement conscient et soucieux de notre avenir et de nos ressources. La question n'est pas de savoir quel doit être le volume de la croissance, mais quel genre de croissance rechercher[10]. A ce sujet, l'appel de Vézelay[11] a proclamé sans ambages : « *Pour la première fois dans l'histoire, l'activité humaine risque d'altérer de façon irréversible les équilibres fondamentaux nécessaires à la vie de notre planète* »[12]. Dans ce pillage et ce gâchis du patrimoine naturel de l'humanité, le Nord de la planète, comme l'affirme J.Ki-Zerbo, est sans conteste le maître d'œuvre. D'abord, parce qu'il prend largement plus que sa part dans des ressources limitées. Et ensuite, parce que, par son modèle même de production et de consommation, il pousse tous les peuples du globe à scier la branche sur laquelle ils sont tous installés. En conséquence,

---

[9] C. FURTADO, Le mythe du développement économique et le futur du Tiers-monde, PUF, Paris, 1970, p.68.

[10] PNUD, Rapport sur le développement humain 1996, Economica, Paris, 1996, p.5.

[11] Le groupe de Vézelay, qui a lancé cet appel, est composé de huit membres (originaires de trois continents) dont : Calliope et Michel Beaud, Mohamed Larbi Bougherra, Pierre Calame, Venant Cauchy, Maurice Cosandey, Joseph Ki-Zerbo et René Loubert. Constitué en 1986 avec l'appui de la Fondation pour le Progrès de l'homme (FPH), ce Groupe s'efforce de créer les conditions d'une réflexion permanente et globale sur l'homme, l'humanité, le monde et leur devenir.

[12] J. KI-ZERBO, Compagnons du Soleil. Anthologie des grands textes de l'humanité sur les rapports entre l'homme et la nature, Unesco/la Découverte, Ed. Charles Léopold Mayer (FPH), Paris, 1992, p.7.

un déséquilibre se fait remarquer, d'une part, sur l'objectif même du développement, celui de promouvoir le bien-être matériel, social, moral et spirituel des communautés et, d'autre part, sur les ressources et l'environnement. Malgré les défaillances des modèles de développement constatées et les appréhensions pour l'avenir, certains disent que la croissance économique a déjà rencontré des astreintes et des obstacles historiques divers sur son chemin ascendant et que les risques font partie intégrante de cet itinéraire incontournable, en tant que prix à payer pour demeurer dans le train du progrès. Malheureusement, nous avons cette insouciance de vite oublier que la nature des risques a changé et qu'actuellement, il s'agit de la survie de l'homme. Nous devons prendre conscience du fait que pour se développer, il faut d'abord exister. Or le développement actuel, ne tenant compte que de l'aspect de la croissance économique, menace même l'existence et la survie de l'homme. Il est aussi vrai que le progrès, vu sous le modèle actuel de développement, est l'affaire d'une minorité et à très court terme, alors que les risques potentiels d'accidents, peuvent être irréversibles et concernent tous les êtres vivants[13].

Vu sous l'angle de ce qui précède, le développement conscient, que nous soutenons s'avère être une nécessité, car il propose une nouvelle orientation du développement. Par exemple, il est difficile d'évaluer aujourd'hui le coût exact du déboisement en termes économiques, mais ce coût est certainement très élevé[14]. Paul W. Richards écrivait *«... qu'une grande partie de la vie animale et végétale des tropiques peut s'éteindre avant même que nous ayons commencé à l'étudier »* sans oublier *«... qu'un immense domaine de potentialités humaines peut disparaître*

---

[13]   J.KI-ZERBO, op.cit., p.7.

[14]   E. P. ECKHOLM, La terre sans arbres, Robert Laffont, Paris, 1977, p.61.

sans laisser le moindre témoignage »[15]. Comme l'affirme M.L. Bouguerra, « *Chaque menace environnementale prend deux décennies pour que les gens se mettent en colère et s'organisent, une décennie supplémentaire pour que des mesures de prévention quelconques soient prises* »[16] et il faudra attendre une autre décennie en plus pour espérer voir ces mesures appliquées. D'après Ervin Laszlo, « *Biodiversity loss is the other long-term threat to human survival... current human activity is shredding this fabric of life. Before humans appeared on the planet, the rate of species extinction was about one per million per year, about the same rate as new species came into existence. Today, human activity has upped the rate of extinction to about 1000 per million per year* »[17] (*La perte de la biodiversité est une autre menace à long terme à la survie de l'humanité... les activités humaines courantes sont en train de détruire cette source de vie. Avant que l'homme n'apparaisse sur la planète, le taux d'extinction d'espèces était de un par million par an, c'est le même taux pour les nouvelles espèces qui apparaissaient. De nos jours, les activités humaines ont augmenté le taux d'extinction d'espèces à 1.000 par million par an*). De nombreuses organisations, des scientifiques et chercheurs ont décrit et expliqué, statistiques précises à l'appui, la nature et le rythme des processus qui ébranlent le métabolisme de base de notre terre[18]. Parmi les causes des impacts environnementaux, il y a le fonctionnement de la société de consommation qui implique l'exploitation et la transformation des ressources de basse entropie en biens et services de toutes sortes et en sources d'énergie nécessaires à la satisfaction des besoins humains.

---

[15] P. W. RICHARDS, The Tropical Rain Forest, Scientific American, Déc. 1973, cité par E.P. ECKHOLM, op. cit., p.61.

[16] M. L. BOUGUERRA, La pollution invisible, UPF, Paris, 1997, p.7.

[17] E. LASZLO and P. SEIDEL: Global Survival: The Challenge and its Implications for Thinking, Selectbooks Inc, USA, 2006, p.184.

[18] J. KI-ZERBO, op.cit, p.7.

L'aboutissement ultime de ces impacts environnementaux se manifeste par d'incessants flux de rejets qui se présentent sous la forme de liquides, de solides, de gaz et de rayonnement[19]. Ces effluents, parfois gravement toxiques, modifient les différents milieux récepteurs, entraînant aussi des problèmes environnementaux, comme la pollution des eaux, des sols et de l'air, la contamination des chaînes trophiques les précipitations acides, l'effet de serre, la destruction de la couche d'ozone, des ruptures d'équilibres écologiques, etc. Notre planète, écrit Mohamed Larbi Bouguerra, ne cesse de servir de réceptacle à d'innombrables produits et déchets chimiques. On va même jusqu'à dire que, de jour en jour, notre planète devient plus toxique puisque plus de quatre millions de produits chimiques circulent aujourd'hui entre les hommes. D'autre part, une étude du Centre National d'Etudes Economiques de Washington, se fondant sur 21 indicateurs de tendance environnementale dans neuf pays industrialisés, affirme que la qualité de l'environnement s'est considérablement dégradée au cours de vingt dernières années[20]. Pour Anthony McMichael[21], « *la race humaine fait face à une nouvelle menace pour sa santé et peut-être même pour sa survie* »[22]. Pour Ulrich Beck cité par M.L. Bouguerra, *nous entrons en réalité dans « la société du risque », qui contraint à livrer le combat à la fois contre l'ennemi extérieur de la nature et contre l'ennemi « intérieur » de la technique et de l'organisation*[23]. En fait, les problèmes posés par les substances toxiques dans notre environnement sont intimement liés au mode de vie et aux économies contemporaines. Ces problèmes

---

[19]   D. M. KABALA, Protection des Ecosystèmes et Développement des sociétés. Etat d'urgence en Afrique, L'harmattan, Paris, 1994, p.50.

[20]   M. L. BOUGUERRA, op. cit., p.13.

[21]   Président du Comité de santé environnementale du gouvernement australien.

[22]   J. BARTLETT, Are We Really Safe as Houses? The Guardian, 3 déc.1996, cité par M.L.BOUGUERRA, op. cit. p.6.

[23]   Cité par M.L. BOUGUERRA, ibid., p.9.

interpellent les scientifiques et mettent à l'ordre du jour une réévaluation des modes de production et de consommation, voire d'investissement. Ils appellent en outre une analyse des solutions projetées pour restructurer l'activité économique et les prises de décision afin de passer d'une situation ignorant ou peu attentive aux réalités environnementales à une approche nouvelle de la relation entre l'activité économique, les hommes et les divers compartiments de l'écosystème[24]. A côté de cette catégorie d'impacts, il y a des astreintes écologiques concomitantes, qui trouvent leur origine, elles, non plus, dans les pays industrialisés, mais plutôt dans les pays en développement. Elles sont le fait, cette fois, non plus de la consommation de masse, mais du sous-développement, du mal développement et de la pauvreté.

De nombreux problèmes environnementaux trouvent leur origine dans la pauvreté des populations des pays en développement, acculées, pour assurer leurs besoins de survie immédiats, à utiliser de manière abusive les ressources de leurs terroirs. Cette utilisation abusive engendre, conséquemment, un cortège de graves dommages à l'environnement[25]. Lors de la Conférence des Nations Unies sur l'environnement humain, conférence tenue à Stockholm en 1972, Indira Ghandi, alors premier ministre de l'Inde, déclarait : «*Comment peut-on demander à ceux qui vivent dans les villages et les bidonvilles de préserver la pureté de l'air, des rivières et des océans quand leur propre vie est viciée? La misère des pauvres et l'avidité des riches ne sont-elles pas les nuisances les plus graves?* »[26]. La gestion saine de l'environnement et des ressources naturelles est maintenant considérée comme une condition préalable, mais non comme un obstacle, au développement et constitue un élément-clef

---

[24]   M.L. BOUGUERRA, op. cit., p.11.

[25]   D. M. KABALA. op. cit. p. 51.

[26]   M. K.TOLBA, Développer sans détruire, Enda/Dakar, 1984, p.5.

de tout programme destiné à améliorer les conditions de vie des populations. Les ressources dont il s'agit ici ne sont pas seulement celles du sol, et du sous-sol, mais aussi celles d'une nature primitive maintenant limitée sur notre planète ravagée par les progrès du monde moderne industrialisé, rationalisé, standardisé et dont dépend la survie de notre espèce, car rien ne peut remplacer la nature.[27]

La charte mondiale de la nature va plus loin en proclamant que « *(...) toute forme de vie est unique et mérite d'être respectée, quelle que soit son utilité pour l'homme* ».[28] L'analyse des problèmes environnementaux, leur compréhension et la recherche des solutions impliquent que l'environnement et le développement soient traités, dans une perspective globale, comme deux ensembles interdépendants. En d'autres termes, l'amélioration à long terme de la qualité de l'environnement planétaire passe obligatoirement par le développement des communautés d'une part, et d'autre part, par une réorientation, dans les pays riches, de la manière de consommer. Les pays pauvres sont aussi concernés parce qu'ils doivent également réorienter leur manière de consommer et surtout s'organiser pour produire ce qu'ils consomment. Il s'agit d'une nouvelle façon d'envisager le développement comme le proposent le développement conscient et le modèle monade de développement.

Les modèles de croissance des pays en développement et des pays industrialisés doivent devenir des modèles de développement humain durable, mais pour ce faire, il faudra leur substituer un modèle de développement plus soucieux de la formation de la conscience de l'homme et de son avenir, pour une meilleure gestion, à tous les

---

[27] R. F. DASMANN, Préservons les ressources de la nature, Nouveaux Horizons, Paris, 1968, p.12.

[28] Z. MASSOUD, Terre Vivante, Ed.Odile Jacob, Paris, 1992, p.144.

niveaux, des ressources et de l'environnement suivant l'approche de développement conscient proposé. D'ailleurs, les pays industrialisés peuvent se permettre de ralentir une croissance matérielle énergivore tout en améliorant le bien-être de leurs populations[29]. On oublie trop souvent que le coût du rattrapage des niveaux de vie, au cas où ceux-ci resteraient axés sur les consommations matérielles, serait insupportable[30]. Ces pays doivent, pour ce rattrapage, adopter de nouvelles techniques et des politiques globales afin de limiter les pressions exercées sur la capacité limite de la planète[31]. Il s'agit pour ces pays de promouvoir une nouvelle orientation du développement suivant le concept de développement conscient. A ce sujet, on peut méditer le proverbe africain qui dit : « *L'argent est bon, mais l'homme est meilleur, parce qu'il répond quand on lui parle* »[32].

Comme nous pouvons le constater, la croissance économique est bonne, mais elle n'améliore pas automatiquement le bien-être des communautés; l'équilibre des ressources est donc nécessaire parce qu'elle garantit la satisfaction des besoins fondamentaux et les aspirations des communautés. En réponse à cette préoccupation, nous considerons que la meilleure manière de parvenir à l'amélioration des conditions de vie des communautés et à l'équilibre entre la croissance et les ressources est la promotion d'un développement conscient sous-tendu par le modèle monade de développement. Cela est plus que jamais nécessaire car chaque décennie apporte de nouveaux défis. Aujourd'hui, la moitié de la population mondiale a moins de deux dollars par jour pour vivre, 80% des habitants de la planète se partagent 20% du PIB mondial et

---

[29] PNUD, op.cit. P. 3.
[30] J. M. ALBERTINI, op.cit. p. 287.
[31] PNUD, ibid. P.3.
[32] L. M. BOUGUERRA, op. cit. P.13.

dans chaque pays, un gouffre sépare les riches et les pauvres et ce n'est pas tout…[33]. Au niveau du continent africain, l'analyse de la situation économique et de l'état du développement montre que la voie aléatoire suivie jusqu'ici et qui consiste à laisser faire, a entraîné des désastres dans ce continent.

Le potentiel du continent, en termes de ressources naturelles, s'est gravement amenuisé et les conditions de vie des populations accusent une stagnation, voire une régression. Malgré le grand nombre de stratégies et de plans d'action adoptés et de recommandations faites, aucun progrès substantiel n'a été réalisé. Bien au contraire, la situation a empiré et ne cesse de s'aggraver. De plus, il ne semble pas y avoir consensus quant aux voies ou schémas de développement à suivre et surtout quant à l'esprit qui devrait présider au redressement de la situation qui prévaut dans le continent[34]. Le développement conscient et le modèle monade de développement que nous soutenons proposent une nouvelle manière d'aborder les questions de développement et de l'environnement pour obtenir le consensus qui devrait permettre de redresser la situation de l'Afrique. Il le faut, car l'opportunisme, un certain esprit de tâtonnement et une connaissance insuffisante du concept de développement constituent des blocages à la recherche des solutions cohérentes à la situation dans laquelle se trouve notre continent. Nos observations révèlent aussi que nos communautés surutilisent souvent, pour la satisfaction de leurs besoins, les ressources naturelles disponibles. Elles dégradent leur environnement et vivent mal parce qu'elles ne sont pas en mesure de faire autrement. Ces comportements sont souvent le résultat du contexte politique et économique fait

---

[33] J. D. WOLFENSOHN, Les défis de la mondialisation. Le rôle de la Banque Mondiale, Banque Mondiale, Paris, 2001, p.4.

[34] D. M. KABALA, op.cit., p.196.

d'une accumulation d'erreurs de politique de développement[35]. Il est donc nécessaire de promouvoir un homme conscient des conditions de son propre développement comme le proposent le développement conscient et le modèle monade de développement. De ce qui précède, le développement conscient est un élément essentiel dans le développement des communautés. Nous soutenons que si les différents modèles de développement envisagés jusqu'ici n'ont pas donné les effets escomptés, c'est parce que la vision du développement était plus tournée vers la croissance et la rentabilité économique que vers l'accroissement de la conscience dans le processus du développement. Créer un homme conscient de son propre développement demeure l'objectif principal du développement conscient.

---

[35]   D.M.KABALA, op.cit., p.196

CHAPITRE II

Concepts De Developpement

2.1. EVOLUTION DES CONCEPTS DE DEVELOPPEMENT

Quand on examine la manière dont les problèmes de développement ont été abordés, il y a lieu de constater que l'évolution des idées a été bien dynamique et ponctuée par certains faits historiques, politiques, socio-économiques et technologiques. Sur le plan de la pensée, il est remarquable d'observer aussi qu'il y a eu à la fois ouverture, diversification et convergence et parfois aussi une divergence d'idées. C'est ainsi qu'ont apparu tour à tour différents concepts de développement comme ceux de développement communautaire, de développement intégral, de développement rural intégré, de développement endogène, de développement harmonisé, de développement unifié, de développement global, de développement inégal, de développement à la base, de développement local, de développement équilibré, de développement autonome, de développement auto-centré et auto-confiant, de développement durable, de développement humain, et d'éco-développement.

Mais, il y a une évidence : le développement est une réalité très complexe, variable et changeante selon les aléas des faits historiques et politiques et selon différents facteurs et contraintes qui l'accompagnent. Un fait certain se dégage de ce qui précède: le développement est complexe mais pas chaotique. Les facteurs qui sont à la base de l'émergence de ces nouvelles idées ou nouvelles orientations du développement sont divers; ils sont d'ordre historique, économique, technologique et scientifique, religieux, politique, social, environnemental, etc. Aussi faut-il une adaptation progressive et constante de la théorie et des idées sur le développement selon les circonstances et les époques considérées. L'émergence de nouveaux concepts sur le développement est favorisée aussi par la réalité des faits. Cela a fait dire à Samir Amin que « *Le développement est en panne, sa théorie en crise, son idéologie, l'objet de doute* »[1]. D'après Iraida Alechina, l'apparition des nouveaux concepts est liée à la crise des anciennes conceptions, qui orientaient le débat sur le sous-développement, crise qui était devenue tout à fait évidente pendant la deuxième décennie des Nations Unies pour le développement[2].

En effet, d'après Mbaya Mudimba, « *(...) pendant un tiers de siècle, les pays du Sud se sont vus appliqués des formules comme celles du «développement auto-centré», du «développement intégré», du «développement à la base» et du «développement communautaire», pour leur développement. Qu'elles aient été soutenues par des options ou idéologies politiques du régime gouvernemental au pouvoir dans le pays, par des pays du Nord, ou par des sociétés ou organismes créés à cet effet, ces différentes formules ont souvent échoué. Cet échec est essentiellement dû à la différence entre la conception du développement chez les populations concernées par le*

---

[1]   S. AMIN, La faillite du développpment en Afrique et dans le Tiers-monde. Une analyse politique, L'Harmattan, Paris, 1989, cité par R.M. MBAYA, op.cit., p.10.

[2]   I. ALECHINA, The Contributing of United Nations Systems to Formulating Development Concepts, in Different Theories and Practices of development, Unesco, Paris, 1982 citée par O. P. SANTOS, op.cit., p.224.

développement et celle des développeurs souvent déterminés par l'action du capital transnational et des intérêts camouflés de ces derniers »[3].

Mais d'une manière générale, l'activité intellectuelle déployée durant les années 1950 et 1960 dans le cadre des Nations Unies pour étudier le problème du sous-développement était sans précédent. C'est à cette époque que sont nées les théories les plus diverses concernant le développement. Il s'agit des théories du cercle vicieux; des théories sociologiques et psychosociologiques); des théories dualistes (Boeke d'une part et dans une autre variante Higgins, Meier et Eckhaus) ; et enfin de la théorie des étapes de la croissance (Rostow), sans oublier d'autres points de vue plus partiels (Mynt, Viner, Balwin), etc.

Toutes ces théories, très inégales du point de vue de la valeur scientifique, mais présentant ici et là des trouvailles d'une indéniable valeur, avaient comme point commun d'analyser le sous-développement en prenant les sociétés capitalistes développées comme point de référence, si pas comme modèle. L'apparition de nouveaux points de vue conceptuels et le changement d'orientation se situent vers la fin des années 1960 et le début des années 1970. La chercheuse soviétique Iraida Alechina présente un inventaire exhaustif et une analyse rigoureuse des idées nouvelles qui, à partir de cette époque, ont commencé à prévaloir sur les anciennes conceptions du développement[4]. Ainsi, grâce aux efforts des institutions du système des Nations Unies, un nouveau corpus théorique est apparu... et a en fait suscité de nombreuses controverses...[5]. Un phénomène étonnant, à savoir que le changement concernant un

---

[3]   R. M. MBAYA, op. cit. p. 8.

[4]   T. SZENTES, op.cit., p.22.

[5]   I. ALECHINA, op.cit, p.224.

problème aussi fondamental que le concept de développement se soit opéré pendant une période très courte.

De plus, les nouveaux points de vue (nouvelles conceptions du développement) se sont différenciés assez radicalement du critère jusque-là dominant qui considérait le développement comme synonyme de croissance, et surtout, les chercheurs n'ont pas cherché à remplacer l'ancienne théorie simpliste et unilatérale « Croissance = Développement » par une autre thèse également homogène[6]. Bien au contraire, on a assisté à une véritable émergence d'interprétations diverses, à une sorte de bouillonnement d'idées nouvelles, tantôt conciliables, tantôt contradictoires, certaines éphémères et peu suivies, d'autres plus persistantes et plus largement reprises, mais toutes porteuses d'un contenu beaucoup plus riche, plus complexe et plus profond que la théorie qui prévalait à l'époque antérieure.[7]

C'est ainsi que sont apparus et ont commencé à s'affronter divers concepts comme ceux de développement intégral et de développement centré sur l'homme, de développement harmonisé (G.C.Sebregondi), de développement intégral harmonisé (L.J.Lebret), de développement endogène, de développement global, de développement unifié, d'autosuffisance (self-reliance), de développement basé sur la stratégie des besoins essentiels (fondamentaux) et sans doute sur un autre plan[8], de développement durable, qui associe l'environnement et le développement, de développement planétaire (nouvel ordre économique international) et de mondialisation. La question que l'on se poserait est de savoir d'où vient ce changement aussi remarquable par la rapidité

---

[6] O. P. SANTOS, op.cit.,p.235.

[7] I. ALECHINA, op.cit., p.224.

[8] O. P. SANTOS, op.cit, p.235.

avec laquelle il s'est opéré que par l'approfondissement conceptuel varié et novateur qu'il a suscité. Un fait est certain: le changement n'a pas été fortuit et la rapidité ainsi que la diversité de ses manifestations conceptuelles ne l'ont pas été non plus. Toutefois, on peut affirmer que les facteurs qui l'ont déterminé sont au moins aussi importants que le changement lui-même[9]. Il importe de noter que les pays en développement ont été l'objet d'un processus de développement qui les a rejetés de plus en plus en marge des flux internationaux de capitaux et d'échanges commerciaux. Ces deux supports les plus importants du néo-colonialisme ont commencé à s'effondrer sans qu'il fût possible d'entrevoir d'autres perspectives. En plus, d'après Oscar Pino Santos, le néo-colonialisme n'a pas créé un cadre économique externe favorable au développement.

Cela est apparu clairement pendant les années 60 où, d'une part, la théorie basée sur l'équation « Croissance = Développement » avait conduit à une impasse et, d'autre part, l'on a même assisté à un phénomène de rejet pur et simple à l'égard des mécanismes économiques ainsi que des arguments sur lesquels se fondaient ce système. Ce qu'on a appelé assistance ou aide au développement s'était plus révélé être un mécanisme efficace permettant d'entretenir les liens qui intéressent les anciennes métropoles; mais on s'est aperçu que ces liens ne répondaient pas aux besoins des pays bénéficiaires ni sur le plan qualitatif, ni sur le plan quantitatif[10]. Par ce mécanisme d'aide au développement est née une nouvelle forme de dépendance économique caractérisée par l'endettement excessif des pays en développement; ce qui a fait dire à Alidou Sawadogo que « *(...) nos pays sont endettés,*

---

[9]   I. ALECHINA, op.cit., p.224.
[10]   O. P. SANTOS, op.cit., p.235.

certains ne rembourseront même pas leurs dettes d'ici la résurrection! Et cela pour se payer un développement à l'occidentale »[11]. L'accent mis sur l'industrialisation, au détriment de l'agriculture et du développement rural, a conduit dans plusieurs cas à l'exode rural, à une urbanisation sauvage et à une diminution de la production alimentaire, dont de nombreux pays du tiers-monde et en particulier d'Afrique ressentent actuellement les effets. Ainsi, de nombreuses réflexions ont conduit à des nouvelles idées comme celles de développement rural intégré et des besoins fondamentaux. D'autres réflexions ont été également consacrées, ces dernières années, à l'élaboration d'un nouvel ordre qui permettrait progressivement d'éliminer la pauvreté et ses causes, objectif qui est bien différent de celui qui consiste à accorder une aide directe à ceux qui ont faim. Mais, toutes ces réflexions, idées et concepts ne restent pas sans commentaires. Par exemple, Mohamed Cissé dit : *« (...) l'aide alimentaire rend paresseux. On a toujours tendance à se reposer sur l'aide. L'aide alimentaire a été utilisée pour créer des marchés pour le blé occidental. Avant, on n'était pas habitué à le consommer. C'est la même chose avec le lait en poudre »*[12]. Et un paysan de dire: *« (...) L'aide alimentaire pousse les gens à dormir, alors que dans les pays donateurs, les gens travaillent comme des machines. Ils stockent, ils ne savent que faire des excédents... En fin de compte, l'aide augmente la dépendance »*[13].

Si une telle aide est pleinement justifiée dans les cas de crise aiguë, c'est à une action plus durable, prenant la forme d'un appui technique, financier et pédagogique, à la maîtrise des techniques (concept de technologie appropriée) et à des structures mieux adaptées aux vrais

---

[11] A. SAWADOGO, cité par P. PRADERVAND, Une Afrique en marche, Poln, Paris, 1989, p. 336.

[12] M. CISSE cité par P. PRADERVAND, op. cit., p.336.

[13] Un paysan Mossi du Yatenga cité par P. PRADERVAND, op.cit., p.336.

besoins des pays qu'il faut faire appel pour engendrer un processus de développement véritable[14] soucieux de l'équilibre entre la croissance et le niveau des ressources. Dans cette évolution historique de différents concepts de développement, qui caractérisent l'orientation des idées du développement, un autre concept est apparu sous forme d'exigences exprimant et caractérisant à la fois la revendication des pays en développement.

Il s'agit de l'établissement d'un nouvel ordre économique mondial. Ce concept de nouvel ordre économique mondial est en fait un programme en faveur d'une restructuration des relations économiques internationales. Le nouvel ordre économique international est sans doute la question qui suscite le plus de discussions au sein de la communauté internationale. Cette question est au premier plan des préoccupations du développement. Il est confirmé que les relations internationales, dans leurs manifestations actuelles, constituent un frein au processus de développement des pays du Sud et pérennisent la dépendance de ces pays ainsi que le maintien du néo-colonialisme. La prise en compte de cette révendication des pays du Sud a largement contribué à susciter une prise de conscience universelle de cette tragédie contemporaine que représentent le retard et la pauvreté dans lesquels se trouve la majeure partie de l'humanité et qui contrastent avec le développement des forces productives, les niveaux scientifiques, techniques et économiques ainsi que les niveaux de vie atteints par une minorité en faveur de laquelle sont concentrés les fruits de la civilisation[15].

---

[14]   D. M. KABALA, Protection des ecosystems et développement des sociétés. Paris, L'Harmattan, 1994, p.16.

[15]   O.P.SANTOS, op.cit., p. 235.

La nouvelle orientation du développement que nous proposons, celle du développement conscient, répond en partie à cette préoccupation, car le déséquilibre constaté au niveau de l'exploitation des ressources, le culte de la croissance économique, la survie de l'homme, la pauvreté et la dégradation de l'environnement sont autant de facteurs qui nécessitent un changement d'orientation du développement. Compte tenu du poids des échecs enregistrés sur le terrain par le passé, les théories en question n'ont pas résisté à l'épreuve épistémologique d'une critique serrée, motivée par le seul souci de définir les conditions idéales d'un développement réussi aux caractéristiques spécifiques.

CHAPITRE III

LE DEVELOPPEMENT CONSCIENT

Le développement sans conscience est la ruine
des communautés.

3.1. INTRODUCTION

Nous venons d'examiner les différents concepts qui ont guidé à ce jour la réflexion des chercheurs sur le développement. Les concepts et théories que nous venons d'examiner déforment un peu la réalité dans leur application, mais ils permettent de dégager les tendances fondamentales dans des situations historiques complexes. Ils nous fournissent un cadre de réflexion qui nous aide à analyser des situations concrètes ou spécifiques, car la programmation du développement doit partir des faits tels qu'ils sont vécus par les communautés. Le processus de développement requiert une action concrète; mais cette action est toujours précédée d'une réflexion théorique, comme l'affirme A. Einstein : « *Imagination is more important than knowledge*[1] ». Le développement requiert de l'imagination dans la recherche des voies et moyens. David John Farmer dit : « *It speaks about institutionalizing imagination* »[2]. Il s'agit d'institutionaliser ou mieux de recourir à l'imagination dans la pratique du développement. La réflexion théorique permet de circonscrire le cadre dans lequel est envisagée

---

[1] A. COOK, American Accent Training, Barron's Educational Series, NY, 1989, p. 20.

[2] D. J. FARMER, To Kill the King. Post-traditional Governance and Bureaucracy, Ed. M.E.Sharpe, New York, 2005, p.xi.

l'action de développement à entreprendre. Elle permet de guider la science, elle précède toujours l'action à entreprendre, mais la « *réflexion sur le développement n'a pas besoin, pour se poursuivre, d'une mesure préalable exacte, et donc d'un concept strictement défini du développement; des directions suffisent* »[3]. C'est dans ce cadre que nous proposons deux nouveaux concepts, qui donnent d'une certaine manière, les nouvelles directions de penser, de concevoir et d'orienter le processus de développement : le développement conscient et le modèle monade de développement. Le développement conscient et le modèle monade de développement s'inscrivent dans le même courant de pensée que les concepts précédents avec le même souci de mieux comprendre et de mieux orienter les actions du développement compte tenu des impératifs et exigences du moment.

D'autres faits et réalités pourraient, dans le temps et l'espace donnés, inspirer d'autres orientations ou concepts de développement. Cela montre la relativité du processus de développement, comme le dit Joan Robinson :

« *Le sort de la théorie économique a été de s'essouffler dans une course perdue d'avance contre l'histoire sans être capable d'achever l'analyse d'une phase du développement économique avant qu'une autre ne lui ait succédé* »[4]. *L'ordre idéal de la production du savoir voudrait que l'analyse des données factuelles précède la théorie, mais la réalité concrète des faits constitue le niveau d'analyse pertinent. Le développement, comme science sociale interdisciplinaire, se veut comme tâche principale, l'identification*

---

[3]   E. ASSIDON, Les théories économiques du développement, éd.La Découverte, Paris, 1992, p.102.

[4]   J. ROBINSON, An Essay on Marxian Economics, London, Macmillan, 2°Ed., 1967, p.92.

des processus politiques, institutionnels, socio-économiques, culturels, environnementaux... aptes à provoquer sur des sociétés ou communautés humaines les transformations structurelles nécessaires pour apporter à la plus grande partie de la population son bien-être global. En tant que science empirique, le développement cherche à comprendre, à prévoir et à contrôler les événements observables. Pour atteindre cet objectif, il pose des modèles et des théories qu'il vérifie par des hypothèses. Les modèles et théories ne permettront pas d'arriver à des lois scientifiques rigides et des vérités universelles comme en sciences physiques. Ses lois sont des tendances susceptibles d'une grande variation selon les cultures, l'espace (pays, région, zone), le temps ou l'époque donnée.

Il est donc nécessaire de poser et de répondre à la question de savoir s'il faudrait une ou plusieurs théories. La réponse à cette question suggère plutôt une adaptation de la théorie aux circonstances et à l'époque données. Le concept de développement conscient que nous proposons répond à cette exigence. Le développement conscient et le modèle monade de développement seront d'application en tenant compte des spécificités des communautés étudiées.

3.2. <u>LE DEVELOPPEMENT CONSCIENT</u>

Nous pouvons définir le développement conscient comme un processus d'imagination consciente mais aussi un état d'esprit permanent qui grâce à l'éducation vise de promouvoir le bien-être global des communautés.

3.2.1. **LE FACTEUR DETERMINANT**

Dans sa réflexion sur la recherche d'un paradigme du développement, A.O. Hirschman écrit ceci: « *Au bout du chemin il sera alors possible d'apercevoir une sorte de science sociale qui serait très différente de celle que la plupart d'entre nous ont pratiquée; une science moralo-sociale... où les considérations morales n'auront plus besoin d'être introduites en fraude, ni d'être exprimées inconsciemment, mais pourront être exposées ouvertement et innocemment. Voici en tout cas la science sociale dont je rêve pour nos petits-enfants* »[5]. La conscience est définie *comme une sensibilité morale établie en nous par les habitudes que nous avons prises suite à notre éducation.* Maharishi pense que le facteur déterminant de la qualité de la vie dans la société, c'est le niveau de cohérence ou d'intégration de la conscience collective. D'après lui, le résultat d'une conscience collective cohérente est l'intégration des désirs individuels avec les besoins de la société. La capacité à satisfaire spontanément ses propres intérêts, tout en contribuant à la réalisation de l'intérêt de la société, dépend du niveau d'identification de la conscience individuelle. Il existe donc une relation étroite entre la qualité de la vie sociale et la capacité des individus à créer une influence d'intégration dans la conscience collective[6]. Nous pensons que l'évolution actuelle des faits et des réalités du développement nous incite à envisager une nouvelle orientation du développement où les considérations morales et éthiques ou encore moralo-sociales suivant l'expression de Hirschman doivent concourir à rétablir l'équilibre entre l'aspect de croissance économique dans le développement et le niveau d'équilibre des ressources et

---

[5] A.O. HIRSCHMAN, 1984, pp.109-110 cité par ELSA ASSIDON, op.cit., p.103.
[6] M. MAHESH YOGI, Life Supported by Natural Law, Washington DC, Age of Enlightenment Press, 1986, p.74.

de l'environnement. C'est sur base de l'interrelation entre ces trois éléments : communautés (population), ressources (environnement), développement (mise en valeur des ressources) que nous allons définir la nouvelle orientation du développement, à savoir le développement conscient et le modèle monade de développement.

3.2.2. <u>LES FONDEMENTS</u>

L'évolution historique des idées en matière de développement nous montre que le développement est un processus historique. A chaque période donnée de l'histoire, la réalité des faits a nécessité une nouvelle orientation des idées en matière de développement. Et cette nouvelle approche du développement découle de la perception de nouveaux besoins exprimés par la communauté. C'est ainsi que sont nés les différents concepts de développement que nous avons analysé ci-haut. Nous estimons que la réalité actuelle des faits nécessite une nouvelle orientation du développement non plus en termes de néocolonialisme, ni de dépendance du Sud au Nord, de la pauvreté, etc., mais des questions dont dépend la survie de l'humanité où sont impliqués et les pays du Nord et ceux du Sud; en bref, les communautés humaines. Comme le souligne Geoffrey M.Bellman, « *Ideas must find their time* »[7]. Nous devons donc changer notre façon de penser et d'aborder les problèmes de développement différemment que par le passé. Comme le dit Einstein, « *one cannot solve a problem with the same kind of thinking that gave rise to the problem* »[8]. Et comme toujours, *les problèmes sont souvent mal résolus parce qu'au départ, ils sont mal*

---

[7]   G. M. BELHMAN, Getting Things Done When You are not in Charge, Berret-Koehler publishers, San-Francisco, 1992, p. 84.

[8]   A. EINSTEIN, cité par A.COOK, op.cit., p.20.

compris. Comme cela a été souvent confirmé, l'activité économique humaine est en train de modifier à une très grande vitesse les conditions mêmes qui assurent la vie sur terre et les transformations qui en découlent risquent d'avoir des conséquences catastrophiques sur les communautés[9]. Le développement conscient voudrait répondre à cette préoccupation qui altère les conditions de progrès et du développement des communautés. Comme le souligne Stephen C.Smith, « *Poverty can be eliminated in a surprisingly short time, if we focus on the problem... ending poverty is possible ...create a moral imperative for action* »[10]. Le concept de développement conscient est donc global au regard des interrelations des faits et des éléments (croissance, développement, ressources, communautés, environnement) qui le caractérisent. Dans cette nouvelle orientation du développement que nous proposons, il s'agit de concilier les impératifs moraux et éthiques, socio-économiques et environnementaux. Nous pensons qu'à cette période de l'histoire de l'humanité, le facteur « conscience » doit être pris en compte dans le processus de développement de la même manière que les autres facteurs de développement comme le revenu, la consommation, la pauvreté, la population, l'épargne et l'investissement, le marché, la production, la mondialisation, la science et la technologie, etc.

Qu'on se rappelle l'avis des scientifiques exprimé par le groupe de Vezelay selon lequel la planète est malade, et que pour la première fois dans l'histoire, l'activité humaine risque d'altérer de façon irréversible les équilibres fondamentaux nécessaires à la vie[11]. D'après Ervin Laszlo et Peter Seidel, « *ethics are the minimum standards that make a collective*

---

[9] C. VILLENEUVE, op.cit., p.19.

[10] S. C. SMITH, Ending Global Poverty, Ed.Palgrave, New York, 2005, p.6.

[11] Le Groupe de Vézelay cité par J. KI-ZERBO, op.cit., p.7.

life posible...The world is in need of an ethical base on which to stand »[12].
La pétition signée en 1993 par 1.670 scientifiques dont 102 prix Nobel,
proclamait, entre autres, « *a new ethic is required* ». Ainsi, l'accroissement
de la conscience, comme facteur de développement, devient impératif
et une urgence, cela nécessite l'implication de toutes les communautés.
Et comme dit Frances Beale, « *To wage a revolution, we need competent
teachers, doctors, nurses, electronics experts, chemists, biologists, physicists,
political scientists, and so on and so forth* »[13]. Nous estimons que la
croissance économique, facteur important du développement, mais
pas l'unique, doit être modelée par l'accroissement de la conscience
dans le processus de développement des communautés. Si différentes
réalités des faits historiques comme le souci de la conservation de
l'environnement, le néo-colonialisme, le dialogue Nord-Sud, l'aide
internationale, la dépendance économique, la croissance, etc., ont
inspiré différents concepts et théories de développement comme le
développement durable, le développement endogène, le développement
autocentré, la théorie de la dépendance, la théorie des étapes de
croissance de Rostow, etc., il est évident que les préoccupations actuelles
des communautés militent en faveur d'une nouvelle conception ou
orientation de développement. Les préoccupations des communautés
telles qu'elles sont exprimées et soutenues, comme l'avenir de la
planète et la survie de l'homme, l'amélioration des conditions de vie
des communautés, le niveau des ressources et l'environnement, nous
ont inspiré le développement conscient ainsi que le modèle monade de
développement. Le concept de développement conscient, loin d'être
une utopie intellectuelle, voudrait ainsi concilier les aspects matériels
(croissance), culturels et sociaux du développement dans la perspective

---

[12]   E. LASLO and P. SEIDEL, Global Survival, Selectbooks, New York, 2006,
       p.117.
[13]   F. BEALE cité par D. ALTMAN, op.cit., p.50.

et la finalité d'un développement caractérisé non seulement par l'aspect économique de la croissance et par l'acquisition des biens matériels, mais aussi par les aspects moral, spirituel, éthique et social, comme l'affirment des auteurs tels que Donella et Aurelio Pecci : « *never failed to conclude that the answers to the world's problems begin with a new humanism* »[14] (*Ne jamais faillir de conclure que les réponses aux problèmes mondiaux commencent par un nouvel humanisme*).

Un groupe de scientifiques lauréats du prix Nobel réunis en Novembre 2003 à Rome déclarait ceci : « *ethics in the relations between nations and in government policies is of paramount importance. Nations must treat other nations as they wish to be treated* »[15]. Le développement conscient se caractérise essentiellement par son caractère global, car il englobe toutes les caractéristiques des autres concepts de développement évoqués ci-haut en insistant sur le fait que le développement, pour qu'il soit endogène, durable, communautaire, intégré, etc., il doit être avant tout conscient, car c'est la conscience, et elle seule, qui devrait permettre la réalisation des objectifs poursuivis par les différentes communautés. Le développement sans conscience se caractérise par des actes irréfléchis et irresponsables que nous pouvons illustrer suivant la sagesse africaine par le comportement que voici : *Il y avait dans un village, un homme qui élevait des vipères dans sa maison. Un jour, les habitants du village apprendront la mort de cet homme. L'un des habitants voulut connaître la cause de sa mort. L'un des sages du village répondra : quand on élève des serpents dans sa maison (acte irréfléchi et irresponsable), faut-il demander la cause de sa mort ? Il faut comprendre que les serpents l'ont tué.* La conscience implique des actes réfléchis, mais aussi d'autres valeurs

---

[14]   J. RANDERS and D. MEADOWS, Limits to Growth, Chelsea Green Publishing, USA, 2004, p.282.

[15]   E. LASLO, op.cit., p.117.

morales comme la responsabilité, la vérité et la justice, la volonté, la détermination, le courage, l'abnégation, le sacrifice, le patriotisme et le nationalisme, etc.

3.2.3. <u>LES ENJEUX</u>

L'ampleur de certains problèmes exprimés dans notre introduction est telle qu'il n'est plus possible de résoudre ces problèmes à un niveau simplement local (la zone) ou même régional ou national. La gravité desdits problèmes et les relations complexes qu'ils entretiennent avec les milieux physique, social et humain exigent un nouveau type de développement, que nous préconisons, à savoir le développement conscient. Aussi osons-nous affirmer que si les différentes approches de développement vues précédemment ont presque échoué, c'est parce que l'effort était surtout concentré sur l'aspect de la croissance ou du développement économique que sur l'accroissement de la conscience dans le développement. Autrement, il serait difficile d'expliquer le fait que l'homme met en danger sa propre survie par ses activités, surtout économiques. A ce sujet, on se souviendra par exemple, que le président américain G.W.Bush refusera de signer le protocole de Kyoto pour la simple raison que le confort des américains n'est pas négotiable. On privilégie l'intérêt des citoyens américain au détriment de la survie de la planète.

Neil Postman nous dit : « *Technology makes life easier, cleaner, and longer, but it creates a culture without a moral foundation and undermines the very things that make life worth living* »[16]. La conception du

---

[16]   M. J. MANDEL, Rational Exuberance. Silencing the Enemies of Growth and Why the Future is Better than You Think, Ed. HarperBusiness, New York,

développement, telle qu'envisagée actuellement aux différents niveaux de l'action des communautés et qui va exclusivement dans le sens de la croissance économique, semble maintenant être sérieusement remise en question au regard surtout des expériences tirées des décennies de développement et de son impact actuel sur le développement global des communautés. Il nous faut faire preuve d'un certain réalisme comme le souligne Larry Bossidy : « *realism is the heart of execution, but many organizations are full of people who are trying to avoid or shade reality... they want to hide mistakes* »[17]. La conception purement économique du développement est aujourd'hui en crise, car la tendance constatée d'accumulation excessive des biens et des services, qui caractérise notre système économique, ne permet pas de réaliser le bien-être global des communautés et ce, malgré les multiples avantages matériels que la science et la technologie ne cessent de nous apporter. Et il apparaît de plus en plus évident que les graves problèmes actuels de l'humanité ne sont pas d'ordre scientifique ou technologique mais d'ordre moral car, s'ils étaient d'ordre scientifique ou technologique, nous aurions pu déjà les résoudre comme l'affirme Loron Wade : « *So why do we still have hunger, violence, tyranny Because the worst problems of the age are not scientific but moral problems. If they were scientific or technological problems, we would have solved them long ago. We are really good at that* »[18]. L'expérience des décennies antérieures en développement démontre au contraire que si toute la quantité des ressources et des potentialités mises à la disposition des communautés n'est pas régie selon des règles ou des valeurs morales, d'une part, et une orientation vers la recherche du bien-être des communautés, d'autre part, cette

---

2004, p.79.

[17]   L. BOSSILY and R. CHARAN, Execution. The Discipline of Getting Things Done, Crown Business, 2002, p.67.

[18]   L. WADE, The Ten Commandements, Ed.Gerald Wheeler, USA, 2006, p.128.

quantité des ressources ne constitue qu'une source d'oppression contre les communautés. La richesse qui aurait pu contribuer au bien-être des communautés est plutôt source de domination et d'oppression. C'est le cas du pétrole, comme le dit Michel Collon: « *If you want to rule the world, you need to control oil. All oil. Anywhere* »[19].

La richesse sert, par exemple, à financer les guerres, qui détruisent les vies humaines et causent d'innombrables misères; à fomenter des troubles, cause d'insécurité; à soutenir et à encourager les rébellions comme en Afrique; à déstabiliser les régimes démocratiquement élus par le peuple, etc. Pourtant, « *avoir des biens ne perfectionne pas en soi le sujet humain si cela ne contribue pas à la maturation et à l'enrichissement de son être, c'est-à-dire à la réalisation de la vocation humaine en tant que telle* »[20]. Nous nous trouvons ainsi devant deux niveaux ou systèmes de développement, à savoir le surdéveloppement, caractérisé par la surconsommation et la surproduction, et le sous-développement, marqué par la sous-consommation et la sous-production ; d'où il résulte que la richesse, mais pas nécessairement le bonheur ou le bien-être, est la conséquence de l'un (le surdéveloppement) et la pauvreté la conséquence directe de l'autre (le sous-développement)[21]. Le surdéveloppement, qui caractérise les sociétés du Nord, se concrétise dans l'obsession d'acquisition excessive des biens et services matériels pour certaines couches de la société (dirigeants politiques et d'entreprises surtout); ce qui rend les hommes facilement esclaves de la possession et de la jouissance immédiate, sans se soucier du fait que la multiplication

---

[19] M.COLLON cité par D.ICKE, Tales From the Time Sloop. The Most Comprehensive Exposé of the Global Conspiracy Ever Written and all you Need to Know to be Truly Free ; Ed.Bridge of love publications, USA, 2003, p.68.

[20] Pape JEAN PAUL II, Encyclique Sollicitudo rei socialis, op.cit.p.57.

[21] Pape JEAN PAUL II, Encyclique Sollicitudo rei socialis, ibid., p58.

de ces biens et le remplacement continuel de ceux que l'on possède déjà par d'autres encore plus perfectionnés et ce, à un rythme irrationnel, contribue à l'épuisement accéléré des ressources de la planète[22]. La surconsommation ou la société de consommation des masses préconisée par Rostow se caractérise par une production toujours accrue ainsi qu'une consommation toujours surestimée, au détriment du niveau et de la qualité des ressources exploitées; elle se caractérise aussi par la production de tant de déchets qui sont à la base d'autres formes de pollution. Bien plus caractéristique encore de cette soumission à la surconsommation, c'est « *(...) cette forme de matérialisme grossier qui est en même temps une insatisfaction radicale, car plus on possède, plus on désire, tandis que les aspirations profondes du développement de la majorité des populations restent insatisfaites et même étouffées* »[23]. Cela est contraire à la sagesse Ne Kongo qui insiste sur le sens du partage, et ce, suivant l'adage qui dit « *dia lungila kansi kayukuta ko* ».

D'après cet adage, manger, c'est suffire et non se rassasier, c'est-à-dire la nourriture (la richesse) doit d'abord être partagée entre tous les membres au lieu de penser à se rassasier. Il nous faut donc instaurer un nouveau type de développement plus conscient et plus soucieux de l'utilisation de nos ressources, car le modèle de développement actuel, qui caractérise les communautés, est celui dont l'unique but est de promouvoir la croissance et le développement économique. Il ne s'agit plus d'obtenir un équilibre, mais plutôt d'atteindre les performances économiques dont les conséquences sont la surproduction, la surconsommation, le surendettement, etc. Au niveau mondial, le

---

[22] Pape JEAN PAUL II, Lettre encyclique Sollicitudo rei socialis sur la doctrine sociale de l'église, Ed.Saint Paul Afrique, Kinshasa, 1988, ibid. p.60.

[23] Pape JEAN PAUL II, Lettre encyclique Sollicitudo rei socialis sur la doctrine sociale de l'église, éd.Saint Paul Afrique, Kinshasa, 1988, op.cit. p.57.

modèle de développement actuel, caractérisé par les performances de la croissance et le libéralisme économique, se préoccupe très peu du niveau des ressources et de leur épuisement. Quand on observe les quantités des biens qui sont exposés dans les supermarchés et dont une grande partie est vouée à la destruction à la date de leur péremption, il y a de quoi s'inquiéter du rythme d'épuisement de nos ressources. Comme le souligne le pape Jean Paul II, « *Le mal ne consiste pas dans l' « avoir » en tant que tel mais dans le fait de posséder d'une façon qui ne respecte pas la qualité ni l'ordre des valeurs des biens que l'on a, qualité et ordre des valeurs qui découlent de la subordination des biens et de leur mise à la disposition de l' « être » de l'homme et de sa vraie vocation. La recherche exclusive de l' « avoir » fait dès lors obstacle à la croissance de l'être et s'oppose à sa véritable grandeur. Pour les nations comme pour les personnes, l'avarice est la forme la plus évidente du sous-développement moral* »[24]. Ainsi, il est clair que si le développement a nécessairement une dimension économique puisqu'il doit rendre disponibles pour le plus grand nombre possible d'habitants du monde, des biens et services indispensables à l'homme, il ne doit pas malheureusement se limiter à cette seule dimension économique. Le développement conscient voudrait établir, dans sa démarche, l'équilibre entre les caractères économique et éthico-social du développement. Le développement conscient, qui vise cet équilibre, insiste sur certaines considérations économiques du développement dont il convient de promouvoir le caractère moral par l'éducation. Il s'agit comme le stipule le Pape Jean Paul II, de prendre conscience du fait que l'on ne peut impunément faire usage de diverses catégories d'êtres (animaux, plantes, ...) comme on le veut et parfois d'une manière égoïste, c'est-à-dire en fonction de ses propres besoins économiques et sans tenir compte de la nature

---

[24] JEAN PAUL II, op.cit., p.61.

de chaque être et de ses liens réciproques avec le milieu (écosystème); de prendre conscience du caractère limité des ressources naturelles dont certaines ne sont pas renouvelables; de prendre conscience du fait que vouloir les utiliser comme si elles étaient inépuisables avec une exploitation exagérée, compromet leur disponibilité non seulement pour la génération présente mais aussi pour les générations futures suivant le concept du développement durable; enfin, de s'en tenir aux conséquences qu'a un certain type de développement sur la qualité de la vie. Il s'agit des conséquences de l'industrialisation excessive sur la pollution de l'environnement, des conséquences de la surconsommation sur la santé, de la surproduction et de son impact sur la dégradation et l'épuisement accéléré des ressources, etc.[25]. Cette envie d'acquérir le plus de biens possibles, parfois sans modération, est à la base des conséquences fâcheuses suivantes qui caractérisent l'humanité actuelle : l'accentuation de la pauvreté, car les riches deviennent de plus en plus riches et les pauvres de plus en plus pauvres; le mépris des intérêts des minorités; l'exploitation exagérée des ressources ainsi que leur dégradation; les divers conflits d'intérêts suscités par l'acquisition des richesses; le mépris des valeurs universelles; et la domination économique et militaire[26].

3.2.4. <u>LES OBJECTIFS</u>

Dans les lignes qui suivent, nous allons présenter les nouveaux objectifs du développement et les objectifs du développement conscient.

---

25   PAPE JEAN PAUL II, Lettre encyclique «Sollicitudo rei socialis», op.cit.p.60.
26   PAPE JEAN PAUL II, ibid., p.61.

1. **LES NOUVEAUX OBJECTIFS DU DEVELOPPEMENT**

Le développement conscient propose une nouvelle orientation des objectifs du développement, objectifs dirigés plus vers la réalisation du bien-être moral et spirituel aussi bien que vers le bien-être matériel comme cela est constaté et vécu actuellement à travers la planète. Nous estimons que l'humanité a suffisamment accumulé des richesses matérielles et que le vrai problème se poserait actuellement au niveau de la répartition équitable de l'ensemble de ces richesses au niveau de la planète. Plus une société est inégalitaire, plus il est urgent de renforcer l'équité, si l'on veut réduire la pauvreté. Un équilibre doit donc intervenir entre les différents objectifs du développement. Les communautés sont aujourd'hui confrontées, dans le domaine des activités économiques qui concourent à leur développement, à une situation sans précédent et dans laquelle les enjeux sont très élevés pour leur développement.

Il est plus que jamais nécessaire d'accroître l'activité économique de manière plus équitable et plus rationnelle afin de répondre aux besoins essentiels croissants des communautés et d'assurer leur bien-être global. Une des grandes préoccupations, qui se traduit actuellement en revendication des pays en développement, consiste en l'établissement d'un nouvel ordre économique et politique mondial. Cette revendication comprend deux aspects intimement liés, dont l'un est essentiellement politique et l'autre plutôt économique[27]. Mais au-delà de ces deux aspects, politique et économique, c'est la remise en question du processus de développement qui est concernée. En effet, le niveau de pauvreté s'accentue de plus en plus, tandis que le niveau des ressources accuse une dégradation permanente, en même temps

---

[27] P. JACQUEMOT, Economie et Sociologie du Tiers-monde (Ouvrage collectif), L'harmattan, Paris, 1981, p.17.

qu'une dégradation continuelle de l'environnement et du milieu. Dans cette même logique, on constate que ceux qui détiennent le pouvoir économique et le pouvoir politique qui en découle, tant au niveau national qu'au niveau régional ou transrégional, persistent dans leur intérêt à créer et à diffuser les conditions idéologiques, politiques et économiques propres à perpétuer ce pouvoir. La mondialisation vient à point nommé pour perpétuer ce pouvoir. A l'inverse, ceux qui détiennent le pouvoir économique et politique s'obstinent et ne veulent pas d'une orientation du développement dont l'analyse ou l'action s'efforcerait de fournir l'élucidation des mécanismes grâce auxquels les Etats ou les communautés qu'ils représentent perdurent dans la situation de sous-développement, de pauvreté, des pays dominés par l'impérialisme, etc.[28]. En fait, les deux aspects cités, le politique et l'économique, se manifestent sous forme d'une action revendicatrice visant à défendre les intérêts des pays en développement face aux pays développés, dans le cadre d'une dénonciation des injustices du système économique international en vigueur. Il s'agit des revendications visant, entre autres, le système monétaire international, le commerce international, le transfert de technologie et la coopération au développement. Le développement conscient ne se situe pas simplement à ces deux aspects du nouvel ordre économique mondial, qui caractérisent les revendications des pays du Sud envers les pays du Nord. Il englobe aussi tous les aspects du développement qui caractérisent à la fois les pays du Nord et ceux du Sud. Il s'agit principalement des problèmes de développement, de population et d'environnement, qui intéressent tout le monde, le Nord et le Sud, et dont dépend la survie même de l'humanité en général. A ce sujet, on peut citer l'équilibre entre la croissance (développement) économique et le niveau des ressources.

---

[28]   O. P. SANTOS, op.cit., p.222.

Le développement conscient s'applique en raison de ses exigences à toutes les communautés, celles du Nord et celles du Sud. Il en est de même du niveau actuel de notre comportement vis-à-vis de l'exploitation de nos ressources et de certaines pratiques économiques destructrices de ces ressources. A ce sujet, le problème se pose tant au Nord qu'au Sud, d'une manière active, pour les uns et passive, pour les autres. Cela exige, écrit Ervin Laszlo, « *a public morality, the ethic shared in our community, ethnic group, state, or nation ...a universal morality, a planetary ethic*. Dans la problématique, nous avons spécifié que l'activité économique de l'homme tant au niveau de la planète qu'au niveau local devient un obstacle au développement. L'enrichissement matériel outré devient aussi un frein au développement spirituel et moral des populations et des communautés.

2. <u>LES OBJECTIFS DU DEVELOPPEMENT CONSCIENT</u>

L'objectif du développement d'une société est de procurer à ses membres une qualité de vie meilleure. Il s'agit, dans cette optique, de satisfaire les besoins des individus et des communautés tout en assurant la pérennité de la société et de se donner les structures et les moyens correspondants pour atteindre cet objectif[29]. Pour atteindre l'objectif du développement énoncé ci-haut, le développement doit être avant tout un acte conscient, car le développement sans la conscience n'est que la ruine des communautés. C'est par des actes conscients au quotidien et par une volonté politique caractérisée que nous pourrons concourir à la réalisation de l'objectif de tout développement. Un des objectifs du développement conscient est d'arriver à faire rompre l'incapacité dans

---

[29]   C. VILLENEUVE, op.cit., p.45.

laquelle se trouvent les communautés du Nord et du Sud de percevoir les graves problèmes qui menacent notre existence, d'une part, et notre développement harmonieux, d'autre part. L'éducation semble être, de ce fait, le moyen le plus approprié pour parvenir à cet objectif. Elle est aussi le moyen le plus plausible pour atteindre l'objectif du développement, qui est le bien-être, et ce, en modelant le comportement des individus et des communautés par l'acquisition des valeurs morales indispensables pour le progrès de l'individu lui-même, de sa communauté et de la société. L'objectif poursuivi par le développement conscient n'est guère différent de l'objectif global du processus de développement, celui de l'amélioration des conditions de vie de la population et des communautés, car nos grandes richesses ne serviraient à rien si nos différentes communautés restaient marginalisées.

Dans l'optique du développement conscient, un véritable développement est celui qui permet aux individus de faire des choix, c'est-à-dire des choix de développement dans le sens de l'acte positif, qui concourt à la promotion et au développement, ou de l'acte négatif, qui concourt à la régression de l'individu ou de la communauté. Bien entendu, nul ne peut garantir le bonheur humain et il appartient à chacun de décider de sa vie, mais le processus de développement devrait au moins créer un environnement favorable qui donnerait aux individus et aux communautés une chance de réaliser leurs potentialités et de mener une vie créative et productive conformément à leurs besoins et à leurs intérêts[30]. Le développement ne consiste plus seulement en un acte d'accumulation désordonné des richesses, il doit aussi se préoccuper de ce qui est positif pour l'homme dans sa société. C'est la conscience, et elle seule, qui devra déterminer tous les autres aspects positifs du

---

[30]   PNUD, op.cit., p.6.

développement, c'est-à-dire ceux qui concourent au réel progrès des individus et des communautés. Ainsi, le processus de développement conscient, envisagé et conçu de cette manière, implique un décorum, c'est-à-dire un ensemble de règles à observer dans une bonne société et ce, grâce à l'action éducative qui constitue son fondement. Il s'agit donc d'un développement plus soucieux et plus conscient de nos actes au quotidien et ce, dans tous les domaines d'activités : économique, culturel, social, moral, politique, où l'intervention de l'homme est nécessaire. Cet acte au quotidien est celui qui nous valorise et qui aide à promouvoir notre propre développement (bien-être), car « *On ne développe pas ; on se développe* »[31]. L'action du développement qui contribue à promouvoir notre développement commence parfois par un simple geste au quotidien mais qui a son importance dans le processus de développement, par exemple, la conscience ou la volonté de vider sa poubelle non pas dans la rue mais à la décharge publique, de refuser consciemment et volontairement de consommer des aliments exposés à découvert sur la voie publique *(buaka nzoto)*, de refuser de consommer des médicaments vendus sur la voie publique, de privilégier l'intérêt public à l'intérêt personnel, de s'abstenir d'allumer le feu de brousse qui dégrade le sol, etc. Comme « *tout acte humain comporte une part positive et une part négative* », du point de vue du développement conscient, « l'acte bon est celui qui contient le plus de positif », c'est-à-dire celui qui contribue à la promotion du bien-être de l'individu et de la communauté.

Par contre, « *l'acte mauvais est celui qui contient le plus de négatif et le moins de positif* » pour la promotion du bien-être de l'individu et de la communauté, mais aussi celui « *qui admet une part de négatif plus*

---

[31]   R. M. MBAYA, op.cit., p.10.

importante que l'inévitable »[32]. Il appartient donc à la conscience de chacun et de la communauté d'apprécier la part de positif et la part de négatif impliquées dans l'action du développement accompli ou projeté au quotidien. Etant donné que ces actes naissent et prennent origine dans les esprits des individus, c'est dans les mêmes esprits des individus qu'il faudra les combattre, et ce grâce à l'action éducative comme le préconise le développement conscient. C'est pour cette raison que compte tenu de cette réalité, nous préconisons le modèle monade de développement qui tient compte des spécificités de chaque communauté à partir de la monade comme unité communautaire de base, parce que le développement est une "socio" logique. Il appartient donc à chaque communauté, suivant sa spécificité culturelle, d'apprécier et d'adopter ce qui est bon et positif pour sa promotion et son développement, et de rejeter ce qui est mauvais et négatif, et qui concourt à sa régression. Compte tenu de ce caractère « socio » logique du développement, nous comprenons pourquoi le développement conscient, pour se réaliser, s'appuie sur le modèle monade de développement. Le développement conscient insiste sur un développement qui prend racine à la base, car les modèles de développement actuels tel qu'ils sont conçus, appliqués et réalisés au niveau des communautés sont ceux dont l'orientation est décidée d'en haut par les hommes politiques au gré de leurs intérêts économiques, financiers, militaires et politiques. Ces modèles sont appréciés d'en haut dans la mesure où ils réalisent ou garantissent les grands équilibres macro-économiques qui, d'ailleurs se font et se défont au gré des intérêts des bailleurs des fonds, des grandes puissances, des grandes corporations, etc. Mais comme le dit Donald Kennedy,

---

[32]   J. M. VAN PARYS, Petite introduction à l'éthique, Ed. Loyola, Kinshasa, p.14.

« *In a world governed solely by the principle of "dog eats dog"* »[33] [34], le changement des mentalités, qui doit se traduire par une nouvelle conception des objectifs et orientations du développement, doit partir des communautés par l'action éducative et se traduire par nos actes au quotidien. Même en temps de guerre, la meilleure défense d'un pays est constituée par sa population. Il en est de même du développement. Il faudrait que la population entière adhère aux objectifs définis du développement, mais pour obtenir ce changement des mentalités et cette adhésion de la population, il faut promouvoir l'éducation de la population, car seule l'action éducative peut amener la population à un changement et à une mobilisation des énergies nécessaires au processus de développement.

Dans sa préoccupation, le développement conscient insiste sur le fait qu'il faut investir dans l'individu (communauté), c'est-à-dire son éducation, sa santé et ses conditions de vie matérielles pour qu'il soit enfin apte à contribuer à la production (croissance économique).

L'éducation revêt ainsi une importance capitale dans le processus du développement conscient, car elle seule peut permettre à l'individu ou à la communauté de comprendre le bien-fondé de ses actes et de son engagement dans le processus du développement et surtout d'opérer ses choix. Dans la situation actuelle, comme le souligne le PNUD, « *le meilleur atout d'une nation réside dans le niveau d'éducation, par ailleurs, les investissements en éducation en général (enseignement et en*

---

[33]   D. KENNEDY, State of the Planet 2006-2007, Islandpress, Washington DC, 2006, p.121.

[34]   Cela nous rappelle la chanson de feu l'artiste congolais Luambo Makiadi FRANCO « BOMA NGAI NA BOMA YO TOBOMANA qui signifie littérallement Tue moi, que je te tue, et on s'entretue ».

technologie) permettent de raccourcir les étapes du progrès. L'investissement dans l'éducation est, quel que soit le pays, l'un des plus judicieux atouts qui soit. Une population instruite et éduquée est plus productive et contribue davantage à la croissance économique»[35] et au processus du développement. Cela rejoint le fondement du modèle monade de développement, qui s'appuie sur un développement basé sur les spécificités socio-culturelles des communautés telles que délimitées par leurs espaces géo-ethniques ou tribales, car ce qui est accepté dans une communauté peut être rejeté dans une autre. Toutefois, suivant le concept du développement conscient, tout homme doit être capable, grâce à l'éducation, de distinguer, dans toute action de développement à entreprendre, le bien du mal, les actes positif et négatif, car « le sens du bien et du mal est propre à tout homme en tant que tel en possession de ses facultés »[36]. Ce discernement des actions de développement à entreprendre, c'est ce que nous avons appelé dans ce travail : les activités conscientes positives et les activités conscientes négatives. Le processus de développement (concrétisé par les actions de développement à entreprendre) est celui dont la finalité se traduit par la promotion et la valorisation mutuelles des communautés alors que les modèles de développement actuels au niveau de nos pays et même au niveau planétaire ont plus privilégié les individus au détriment des communautés. La conséquence de ces modèles de développement dictés et dominés surtout par le libéralisme économique est qu'une infime minorité a accaparé les richesses des pays et du monde au mépris de la pauvreté de la majorité. Cette situation d'inégalité exige de la part de la population et des communautés l'apprentissage de toute une vie pour devenir citoyen informé, éduqué,

---

[35]   PNUD, op.cit.p.6.

[36]   L'homosexualité reprimée dans la bible au temps de Sodome et Gomore semble être reconnue et même institutionnalisée dans certains pays surtout du Nord (Europe, USA).

responsable et engagé, capable d'imaginer, d'agir et de trouver des solutions originales pour résoudre les problèmes de développement, de population et d'environnement.

Il faut pour cela que les individus et les citoyens soient dotés d'une culture non seulement scientifique, mais aussi morale et sociale, et qu'ils soient capables et disposés de s'engager dans des actions individuelles ou collectives du développement. Le développement conscient voudrait restaurer et faire perdurer la relation positive entre l'individu, la communauté, la nature, les ressources et l'environnement. Il voudrait que toute définition de l'action de développement, dont l'objectif vise avant tout l'homme et son devenir, prenne en considération notre relation positive avec l'environnement biophysique dont nous faisons partie et dont dépend notre existence.

3.2.5. L'EDUCATION COMME BASE DE DEVELOPPEMENT

La réalisation des objectifs du développement conscient nécessite des actions éducatives (conscientisation, animation, vulgarisation, etc.) au niveau des communautés tant par l'éducation formelle que par l'éducation informelle, car « *si tout homme sain d'esprit a naturellement le sens du bien et du mal, les jugements des différentes personnes sur les mêmes situations ne sont pas toujours les mêmes étant donné que l'application pratique du bon et du mauvais est très variable selon les circonstances, les lieux et les époques* »[37]. Cela confirme que le développement est une "socio" logique, car ce qui est accepté par une communauté peut être

---

[37] J.M. VAN PARYS, op.cit., p.26.

rejeté par une autre. L'interdépendance du développement conscient et du modèle monade de développement est alors caractéristique au niveau de l'éducation à laquelle ils font recours. Il s'agit essentiellement de l'éducation traditionnelle et de l'éducation mésologique. L'éducation traditionnelle est spécifique à chaque communauté, tandis que l'éducation mésologique est spécifique à chaque milieu. Le modèle monade de développement et le développement conscient restent interdépendants en ceci que le fondement de l'éducation, base du développement conscient, et le milieu, comme espace géo-physique, sont spécifiques à chaque communauté ethnique, tribale, clanique ou familiale. A titre d'exemple, l'éducation traditionnelle et mésologique de l'enfant «libinza» (peuple riverain) sera différente de celle de l'enfant «mukongo » (peuple de savane), en raison des spécificités socio-culturelles et environnementales des deux communautés.

Par conséquent, les spécificités culturelles claniques, tribales ou ethniques, régionales ou locales font en sorte que l'appréciation des actions de développement ne rencontre pas le même consentement d'une communauté à l'autre, d'une période ou époque à l'autre, parce que les motivations d'une communauté clanique, tribale ou ethnique dans un même espace donné (pays, région) ne sont toujours pas les mêmes. En plus, les us et coutumes ne sont pas toujours uniformes partout. Ce qui est accepté ou toléré chez les uns peut être considéré comme un crime chez les autres. Ces différences d'appréciation des actes proviennent des variations socio-culturelles particulières, variations à travers lesquelles les valeurs universelles sont aperçues ou recherchées d'une part, et d'autre part, des conditions historiques qui éclairent ou voilent certains aspects des situations[38]. Par exemple, ce qui est perçu

---

[38]   J. M. VAN PARYS, op.cit., p.26.

comme urgent et important à une époque donnée par les congolais peut être considéré, à la même période, comme moins urgent par les Tutsis du Rwanda buttés au sentiment de génocide vis-à-vis de leurs voisins Hutus. L'entrepreneur américain ou européen qui évolue dans un environnement économique sain n'a pas la même préoccupation que l'homme d'affaires congolais ou africain, qui évolue dans un environnement économique (cadre macroéconomique) inflationniste et totalement perturbé. Le paysan Mukongo du Bas-Congo, confronté au problème de dégradation des terres de savane suite au feu de brousse, sera prédisposé à appliquer l'agroforesterie comme solution à l'agriculture que le paysan Mungala de la forêt équatoriale. Les intérêts des puissances économiques et financières des pays du Nord ne sont pas ceux des pays du Sud : les préoccupations de ces puissances sont orientées vers la satisfaction de leurs intérêts et ne rencontrent pas celles des populations pauvres du Sud. Devant cette divergence d'intérêts, de préoccupations et d'aspirations des communautés, seule l'éducation peut servir de rapprochement ou de catalyseur entre ces communautés par la promotion des valeurs morales. Or l'éducation, comme processus d'acquisition et de promotion des valeurs morales, est plus ramenée actuellement au niveau d'instruction. Le développement conscient, dont le fondement est l'éducation, s'appuie sur les différentes stratégies éducatives pour promouvoir le développement. Ce qui fait actuellement défaut au niveau des objectifs du développement, c'est l'absence de la pesanteur morale et éthique dans le processus de développement en général, et dans le comportement quotidien des communautés en particulier.

Le développement conscient, qui se base sur l'éducation des communautés à travers ses différentes stratégies éducatives, pourrait ramener cet équilibre nécessaire et indispensable entre les différents objectifs poursuivis par le développement, à savoir le bien-être matériel indispensable, mais aussi le bien-être moral et spirituel sans lesquels l'homme ne pourra jamais atteindre son bonheur, comme nous le lisons dans la bible : « *Vous savez bien que le royaume de Dieu, n'est pas une affaire d'aliments et de boissons, mais de vie droite, de paix et de joie dans l'Esprit-Saint (Rm:14,17)* ».

3.2.6. <u>LES AUTRES CONCEPTS ET THEORIES DE DEVELOPPEMENT EN COMPARAISON</u>

Nous avons vu que chaque concept de développement est lié à une réalité des faits qui ont caractérisé l'évolution historique des communautés. Le développement communautaire, par exemple, est ainsi apparu pendant la colonisation. Il est à la fois un processus et une méthode que beaucoup de gouvernements ont appliqués pour inciter les populations villageoises à mettre à profit l'initiative et l'énergie locales pour augmenter la production et améliorer leur niveau de vie. Le développement endogène est un courant qui prône l'idée d'un développement qui a une origine interne, un développement dont l'impulsion part de l'intérieur d'une société. Le développement durable propose un développement qui tient compte des préoccupations actuelles et de celles des générations futures. Le développement rural intégré, qui part de la satisfaction des besoins fondamentaux des communautés, soutient un développement à partir de la transformation du milieu rural. Le développement intégral vise l'épanouissement de l'homme et de tout homme. L'écodéveloppement est favorable à un développement qui fait recours aux solutions locales (savoir local) pour résoudre les problèmes locaux. La différence entre le développement conscient et les autres concepts de développement (développements communautaire, rural intégré, intégral, durable, endogène, ...) est plus marquée par l'exigence faite par le premier de tenir compte des valeurs socio-morales indispensables à la promotion du développement comme l'éducation, qui en est le fondement. Les valeurs socio-morales acquises par l'éducation doivent désormais guider l'action du processus de développement de la communauté. De plus, le développement conscient englobe tous les autres concepts parce qu'avant d'être endogène, communautaire, durable, intégral, rural, intégré, etc., le processus de développement doit être au départ conscient pour atteindre l'objectif du développement poursuivi.

Il en est ainsi parce que c'est la conscience qui nous permet de prendre des décisions, de réfléchir, de choisir nos activités ou nos actes au quotidien, de faire des comparaisons ou des suppositions, etc. Le développement conscient permet de modeler notre comportement de « *l'homo economicus* » plus tourné vers l'acquisition des biens matériels que vers un comportement axé sur les valeurs morales et spirituelles acquises grâce à l'éducation, afin d'obtenir l'équilibre nécessaire et indispensable entre les différents objectifs poursuivis par le développement, c'est-à-dire l'objectif matériel pour le bien-être matériel, l'objectif moral pour le bien-être moral ; l'objectif social pour le bien-être social ; et l'objectif spirituel pour le bien-être spirituel. Il ne s'agit pas d'une utopie intellectuelle, car la finalité de l'éducation est de faire des citoyens des êtres conscients, éduqués et responsables de leurs actes. Le développement conscient doit se traduire concrètement par les actes conscients au quotidien grâce à l'action éducative de conscientisation et de sensibilisation qui l'accompagne. Il concerne aussi bien les communautés des pays développés que celles des pays en développement, contrairement à certains concepts qui ne trouvent leur terrain d'application que dans l'un ou l'autre groupe. Le développement conscient est aussi à l'opposé des concepts et théories qui mettent l'accent sur la maximisation de la production à n'importe quel rythme, au risque d'occasionner un gaspillage de ressources (libéralisme économique). Il prend aussi le contre-pied des théories et concepts qui mettent l'accent sur les rapports entre communautés (pays producteurs et consommateurs). Enfin, le développement conscient n'est pas aussi exclusif que les théories et concepts qui sont soucieux de la pérennité des ressources. C'est le cas du développement durable qui propose de léguer aux générations futures un environnement sain.

3.2.7. <u>LES IMPERATIFS MORAUX</u>

Le développement conscient propose une nouvelle vision de l'action de développement non pas d'une manière irresponsable, désordonnée, individualiste et illimitée, mais en prenant conscience des actes posés. Le développement conscient n'est pas à l'encontre de la croissance et du développement économique ; bien au contraire, il préconise une croissance modérée, qui répond au niveau des ressources et des besoins réels des populations et non à la satisfaction des besoins d'une société de consommation (besoins positifs et besoins négatifs). Il vise avant tout la transformation des structures et des mentalités pour un véritable progrès humain dans tous les domaines. Le progrès de l'homme ne se limite pas au progrès matériel bien que ce dernier contribue à la satisfaction des besoins essentiels de l'homme.

Il est aujourd'hui bien constaté et bien compris que le progrès matériel, tel qu'il est envisagé dans les différents programmes et politiques comme objectif du développement, n'a pas amené l'homme au bonheur et à l'épanouissement auquel il aspire. Le développement conscient, grâce à l'action éducative, entrevoit le progrès matériel comme moyen qui doit permettre à l'homme de mieux s'épanouir et non comme la source de son malheur par la déperdition morale (orgueil, moyen d'oppression, avarice, soif du pouvoir, injustice, ...). Si les impératifs de l'histoire de l'humanité ont nécessité que les objectifs du développement soient plus orientés vers les aspects économiques, nous nous apercevons qu'aujourd'hui, les objectifs du développement doivent être définis en équilibre avec les aspects moraux et spirituels du développement. Il ne s'agit plus seulement de privilégier les aspects économiques et matériels, mais aussi de réaliser les objectifs de développement en équilibre avec tous les autres aspects du développement, surtout les aspects moraux et spirituels, car il est décevant de constater que les richesses des communautés sont utilisées par une minorité d'hommes contre le bonheur de la majorité. Il y a là une absence de responsabilité morale de la part de l'homme, responsabilité morale que le développement conscient veut atteindre par l'éducation des communautés. A titre d'exemples, le diamant d'Angola, au lieu de promouvoir le développement du peuple angolais, servait plutôt à financer une rébellion (UNITA) qui tuait la population; le pétrole congolais a fait l'objet d'une guerre d'intérêts d'une minorité ou d'un groupe multinational, au détriment des populations congolaises; les ressources minières de la RDC spécialement le coltan sont convoitées par de grandes corporations sont devenues une source des malheurs au détriment des congolais ; et il en est de même du pétrole irakien. Au sujet du pétrole irakien, Daniel Altman nous dit ceci: « *There may well have been economic reasons for attacking Irak. Many critics of the administration, as they had during the first Gulf War, suspected that important unstated reasons for war were to pry open some of the world's biggest reserves of oil and natural gas, and to give business to military contractors close to the Bush administration* » [39]. D'autres exemples peuvent être cités : le Fonds Monétaire International, institution financière, qui devrait garantir les intérêts de tous les pays, sert plutôt les intérêts des grandes puissances; l'ONU est devenue plus un parlement de grandes puissances que celui de tous les pays; les grandes puissances défient les résolutions de l'ONU, qui sont contre leurs intérêts, mais s'acharnent à faire appliquer celles qui imposent leur volonté aux autres peuples; l'Organisation Mondiale du Commerce est plus un instrument de domination du Sud par le Nord qu'un instrument de promotion équitable du commerce mondial.

Des anti-valeurs comme le mensonge sont utilisés par la haute hiérarchie des Etats. C'est le cas de l'invasion de l'Irak par les USA: « *This is why Bush, Blair, Powell and Co lied and lied and used bogus "intelligence" to desperately make a case for the war in Irak. They didn't have a reason, so they had to invent one, as they did with Afghanistan, to follow the hidden agenda. Their first choice was "weapons of mass destruction, a term that was repeated over and over on the basis of the more times you say something the more people are likely to relieve you* »[40].

3.2.8. <u>LA CONSCIENCE COMME FACTEUR DE CROISSANCE ET DE DEVELOPPEMENT</u>

Dans les paragraphes qui suivent, nous parlons de la conscience, d'abord comme facteur de croissance et ensuite comme facteur de développement.

---

[39] D. ALTMAN: Neoconomy, Ed. PublicAffairs, New York, 2004, p.137.
[40] D. Icke : op.cit., p.71.

1. <u>LA CONSCIENCE COMME FACTEUR DE CROISSANCE</u>

Par croissance économique, on entend l'accroissement continu des biens et services. Tout au long de l'histoire humaine, le développement s'est accompagné d'une croissance. Mais au regard des résultats de la croissance sur les ressources et sur le développement des communautés, il devient nécessaire d'envisager un accroissement de la conscience comme facteur de croissance économique. Si « *...le facteur le plus rare dans les pays en développement, affirme Hirschman, est l'aptitude à prendre des décisions* »[41], nous disons, le facteur qui fait défaut dans le processus de croissance économique est la conscience. En effet, le problème de croissance a souvent obéi à des critères de performance économique (productivité), mais jamais aux conditions d'équilibre avec les ressources et l'environnement. Les critères de performance économique ont poussé les communautés jusqu'à des pratiques économiquement et écologiquement nuisibles (par exemple, les farines animales à la base des cas de vaches folles, etc.). La croissance, indispensable pour le développement des communautés, peut être obtenue et maintenue avec l'accroissement d'une conscience réfléchie. En effet, l'accroissement de la conscience dans la production ne peut que contribuer à la croissance et au développement économique, ainsi qu'à la meilleure répartition des fruits de cette croissance au sein de la communauté.

Comme le dit Herman E.Daly, « *It is hard to imagine how any thorough transformation of the habits of humans will occur without a corporate human confidence in the ultimate worthwhileness of our moral endeavors* »[42]. Le développement conscient exprime, dans sa conception,

---

[41] E. E. HAGEN, op.,cit., p. 107.
[42] H. E. DALY, Beyond Growth, Beacon Press, Boston, 1996, p19.

les limites de la croissance économique et du développement sous leurs formes actuelles, étant donné que les ressources ne sont pas illimitées et compte tenu des risques au niveau du potentiel écologique et humain. Le développement conscient ne peut pas se limiter à une simple adaptation continuelle d'un système économique : il doit aussi répondre à des besoins, c'est-à-dire rétablir l'équilibre entre la croissance, les ressources et l'environnement ; promouvoir une meilleure répartition des fruits de la croissance grâce aux valeurs morales comme l'esprit d'équité, de justice, etc.; réduire les conséquences de la croissance économique sur l'environnement ; et contribuer à l'amélioration de la qualité de vie des communautés dans une perspective temporelle durable. Le développement conscient englobe tous les facteurs de croissance économique, puisque cette dernière inclue surtout le facteur « conscience ». Si le progrès se mesure à la réalisation des fins, la croissance et le développement se mesurent à des efforts objectifs[43] qui doivent être maintenus au niveau des facteurs de développement (croissance) de base, à savoir l'éducation, les infrastructures et la santé.

2. LA CONSCIENCE COMME FACTEUR DE DEVELOPPEMENT

Les questions évoquées dans notre problématique nécessitent une prise de conscience des diverses communautés tant au niveau local, régional, national qu'au niveau subnational. Ces problèmes nécessitent au niveau des diverses communautés, une prise de conscience individuelle, d'une part, et collective, d'autre part. Il existe une relation réciproque entre la conscience individuelle et la conscience collective. Cela revient

---

[43] L. H. DUPRIEZ, Le progrès économique, IRES, Louvain, 1955, p. 92.

à dire que chaque personne au sein de la communauté influence la conscience collective de la communauté, et, réciproquement, chaque personne est influencée par la conscience collective. Il est évident que la conscience collective d'une communauté tant au niveau local, qu'au niveau du pays ne peut être améliorée que par le développement de la conscience individuelle. D'après Maharishi, la force fondamentale qui gouverne la qualité de la vie sociale est la conscience collective de la société. La conscience collective d'un groupe représente la totalité de la conscience de ce groupe.

Chaque niveau de la société a sa propre conscience collective[44]; ainsi peut-on parler de la conscience de la famille, de la communauté, de la région, du pays. Par contre, la conscience de l'individu détermine la qualité de ses pensées et de son comportement. De même, il existe une qualité de conscience propre à chaque groupe social (famille, région, pays) avec sa propre réalité et ses possibilités de développement. La qualité de la conscience collective d'un groupe social est le reflet direct et fidèle du niveau de conscience de ses membres. Comme chacun sait, chaque famille a une empreinte spécifique. Il en est de même des modes de comportement et des valeurs culturelles de chaque lieu géographique qui sont distincts même au niveau national. La qualité de la conscience collective de chaque unité (individu) contribue à la qualité de la conscience d'un groupe social plus large. Ainsi, la qualité de la conscience collective de chaque province influence la qualité de la conscience nationale[45]. Le développement conscient est avant tout un processus d'imagination consciente caractérisé par des actes conscients en réponse aux différents problèmes de la communauté,

---

[44] M. MAHESH Yogi, Creating an Ideal Society, Rheinweiler, West Germany, Meru Press, 1977, p.123.

[45] M. MAHESH Yogi, ibid., p.122.

grâce à l'action éducative suivant une "socio" logique. En effet, il n'est pas possible d'imposer ou d'entrevoir un modèle de développement qui soit identique à toutes les communautés même issues d'un même pays ou d'une même région. Etant donné que le développement est une "socio" logique, la recherche de son objectif, la meilleure vie des individus, est une notion qui varie d'une société à l'autre et d'une communauté à l'autre. Chaque société ou communauté définira sa qualité de vie suivant sa priorité ou ses priorités. Il serait utopique que tout le monde adopte un même style de vie. Ainsi, la recherche de la qualité de vie ne veut pas nécessairement dire quantité de biens, bien qu'un minimum de consommation soit nécessaire pour satisfaire les besoins essentiels. Il est vrai que le développement ne nous apporte pas toujours le bonheur comme le souligne Hill McKibben : « *Growth is no longer making most people wealthier, but instead generating inequality and insecurity… Research from many quarters has started to show that even growth does make us wealthier, the greater wealth no longer makes us happier* »[46]. Aussi les actions de développement doivent-elles contribuer avant tout à l'amélioration de la qualité de la vie des communautés pour et par lesquelles elles sont entreprises, ce qui justifie le choix d'un développement conscient pour répondre à cet objectif. Pour accéder à une meilleure qualité de vie, l'action concrète du développement à entreprendre doit être consciente.

Le développement conscient est donc la conséquence de la concrétisation en actes de la prise de conscience de la communauté grâce aux objectifs de l'éducation en général, et de l'éducation mésologique et traditionnelle, en particulier. Notre conviction est que le développement doit ou devrait toujours demeurer un processus

---

[46] B. McKibben, Deep Economy. The Wealth of Communities and the Durable Future. Ed. Times books, New York, 2007, p.1.

conscient grâce à l'action éducative des communautés. L'action éducative reste, par conséquent, la base du processus de développement conscient. Le développement conscient se caractérise aussi par une acceptation ou un refus volontaire et conscient, par une communauté donnée, d'un modèle (projet, action, investissement) de développement parce que ce dernier répond ou ne répond pas au respect de l'éthique et de la morale ainsi que des objectifs du développement intériorisés par la population grâce à l'éducation. Il ne suffit pas de prendre conscience d'un fait, mais il faut traduire cette prise de conscience en actes. Comme l'a dit Mao Zedong, cité par Daniel Altman, « *If you want to know the theory and methods of revolution, you must take part in revolution* »[47]. Le développement conscient se veut pragmatique. A titre d'exemple, beaucoup de problèmes concernant le développement de nos communautés, pays ou régions, sont clairement identifiés et leurs solutions sont aussi connues. Mais, il n'y a jamais eu cette volonté consciente de la part des uns ou des autres (dirigeants politiques, communautés concernées...) de traduire ces solutions en actes bien que toutes les conditions de leur matérialisation ou réalisation soient connues et réunies. Malheureusement, comme le dit Herbert Agar, « *The truth that makes men free is for the most part the truth which men prefer not to hear* »[48]. Ainsi, par exemple, pour léguer à nos générations futures un environnement meilleur, comme le préconise le concept de développement durable, il faudrait que les hommes traduisent en actes leurs prises de conscience. Aussi disons-nous que le développement ne peut pas seulement être endogène, intégré ou durable, il doit aussi et surtout être conscient. C'est quand les communautés auront matérialisé cette prise de conscience par des actes qu'elles sauront réellement se

---

[47] Mao Zedong cité par D. ALTMAN, Neoconomy, op.cit., p.71.
[48] H. AGAR cité par D. ICKE, op.cit., p.147.

prendre en charge au lieu de subir ce qu'on leur impose contre leur gré et à l'encontre de leur développement et de leur environnement. L'apprentissage de chacun à la prise de conscience de ses responsabilités vis-à-vis de la communauté et du milieu est un impératif. Les effets de toute décision doivent être considérés non seulement en fonction des données techniques, commerciales ou financières, mais aussi en fonction des aspects moraux et éthiques que l'on cherche à atteindre et à promouvoir dans la communauté.

La conscience doit permettre de poser un jugement critique sur les actions de développement qu'on envisage d'entreprendre et de les évaluer en fonction d'un système de valeurs morales, spirituelles et culturelles de chaque communauté[49]. Ainsi, tout modèle de développement n'est pas consommable, tout comme toute application de la science n'est pas acceptable.

3.2.9. <u>DE LA CONCEPTION A L'ACTION</u>

Comme relevé ci-dessous, le développement conscient doit se traduire en actes au quotidien. Cependant, il appartient aux communautés de déterminer elles-mêmes les moyens les plus appropriés et adéquats pour promouvoir leur développement et ce, compte tenu des réalités du terrain, des priorités locales, régionales ou nationales, etc. Comme le déclarent Kevin Danacher et al., « *To create a globally sustainable economy, we must have local networks exerting effective control over local conditions. Sometimes this local control will have an obvious*

---

[49]   M. MALDAGUE, op.cit., p.61.

green element and sometimes it will not »[50]. Il n'existe pas de formule universelle, simple ou identique à toutes les communautés pour passer à l'action. Les besoins seront dictés et les décisions seront prises en fonction du cadre socio-économique, politique, institutionnel, structurel et culturel de chaque communauté. Mais, les priorités devront être établies en fonction des ressources. Comme dit George S.Clason, « *where the determination is, the way can be found* »[51]. Le développement conscient étant un processus d'imagination consciente, chaque communauté doit ou devra trouver les réponses aux questions qui entravent son développement. A titre d'exemples, en réponse au problème de transport urbain, à Kisangani, la communauté n'a pas trouvé mieux que d'instaurer le système de transport à vélo « *Toleka* »; à Kinshasa, il y a eu d'abord les bus « *fula-fula* », un système qui a disparu aujourd'hui; ensuite les « *taxis-bus* » ; et maintenant les « *taxi-motos* ». En réponse au problème d'espace dans les parcelles pour les deuils, les kinois ont instauré le système de service funéraire avec la location de la tente, catafalque, décoration, musique, dans les espaces publics (maisons communales, etc...). Pour répondre aux besoins sécuritaires de la ville, la police a adopté le système d'essaimage des sous-commissariats à travers les différents quartiers de la ville (ce qui crée une police de proximité) et installé des containers 40' qui font office des bureaux de police...

Dans la suite de la présente section, nous allons nous appesantir sur deux aspects importants du développement conscient, à savoir la nature des activités du développement conscient et la réalisation du développement conscient.

---

[50]   K. DANACHER, S. BIGGS and J. MARK, op. cit., p.112.
[51]   G. S. CLASON, The Richestman in Babylon. The Success Secrets of the Ancients, Ed.Aplume book, New York, 2005, p.116.

1. **NATURE DES ACTIVITES DU DEVELOPPEMENT CONSCIENT**

Nous assistons, comme toujours, à une prédominance du progrès matériel sur les objectifs du développement à atteindre. A propos du progrès matériel, Th. Monod écrit: « *On assiste à un phénomène singulier aux conséquences potentielles très préoccupantes, c'est que l'on finit par faire les choses, non pas parce qu'on y a réfléchi longuement et qu'on a fini par constater qu'elles étaient utiles au progrès, mais parce qu'on peut matériellement les faire. Est-ce là une justification raisonnable pour un être pensant comme homo sapiens?* »[52]. Il est donc nécessaire de distinguer les activités conscientes positives des activités conscientes négatives. Comme le dit J.Fletcher, «*The morality of an act is a function of the state of the system at the time it is performed* »[53]. Une activité économique ou non économique est dite consciente positive quand elle est positive au regard des besoins de la communauté qui l'exerce ou qui la désire parce qu'elle répond aux objectifs de son bien-être. Une activité économique ou non économique est dite consciente négative quand elle se caractérise par une part négative et ne répond pas aux objectifs de développement (bien-être) de la communauté; c'est le cas, par exemple, de la pratique de l'abattage des arbres fruitiers pour le charbonnage dans la zone de Mbanza-Ngungu. Les activités conscientes positives ou négatives ne sont pas seulement économiques. Elles révèlent aussi divers aspects socio-culturels, politiques, moraux, institutionnels ... des communautés. Comme le dit Th. Monod, « *si*

---

[52] TH. MONOD, « Qui règnera demain ? La qualité ou la quantité ?» dans Comptes rendus du 1er colloque international sur l'Environnement, UNESCO, CNB/FUL Arlon/Belgique, 23-29 septembre 1979, Cahier n°1, p.106.

[53] J. FLETCHER cite par D. KENNEDY, State of the Planet 2006-2007, IslandPress, Washington DC, 2006, p.120.

l'ignorance est grave, elle l'est moins cependant que la carence sur le plan de la conscience réfléchie. Car la technique pourra compenser de plus en plus notre faiblesse intellectuelle et notre capacité réduite de traitement des données, mais ne sera d'aucun secours en ce qui concerne l'inaptitude de tant de responsables de passer leurs décisions au crible d'une réflexion consciente »[54]. Sortir de l'impasse implique une nouvelle mentalité de la part des preneurs de décisions, tant des hommes politiques que des autres acteurs du développement dans le monde.

En résumé, « *une révolution de la conscience est aussi fondamentale que l'ont été les révolutions scientifiques et industrielles* »[55]. Par ailleurs, comme l'écrit Michel Maldague, « *il est paradoxal de constater qu'en cette fin de siècle où l'information ne cesse de se multiplier et où les moyens technologiques de s'informer ont atteint des perfectionnements extraordinaires, l'ignorance et l'absence de conscience réfléchie sont très largement répandues...,. La conscience réfléchie doit intervenir dans les autres éléments qui conditionnent le progrès de l'homme pour autant qu'on désire maintenir l'équilibre entre l'homme et la biosphère* »[56]. En ce qui nous concerne, la finalité et l'objectif de l'éducation doit amener à une prise de conscience des communautés et à un accroissement de la conscience dans le développement. Cette prise de conscience a une origine mentale, c'est-à-dire dans les esprits des gens et doit se traduire, dans les actes matériels, physiques, sociaux, moraux, culturels et intellectuels qu'entend réaliser la population au quotidien. C'est cette deuxième phase (la matérialisation) qui caractérise le développement conscient. Toutes les actions de développement à entreprendre dans un pays peuvent être ou ne pas être bénéfiques pour le développement de

---

[54]   TH.MONOD, op.cit., p.106.

[55]   TH.MONOD, ibid., p.106.

[56]   M.MALDAGUE, op.cit., p.195.

nos communautés. C'est le cas de certaines activités entreprises à cause d'une exploitation inconsciente et parfois immorale des ressources pour un pseudo-développement. Cette forme de développement inconsciente et incontrôlée se caractérise par l'acceptation de n'importe quel type d'investissement ou projet à réaliser dans le pays, même les plus fallacieux tel que l'importation des déchets toxiques, comme ce fut le cas il y a quelques années dans certains pays d'Afrique, en contrepartie des sommes d'argent à verser au pays importateur. L'expérience dans notre pays a montré que par souci de développement, nous avons accepté n'importe quel investissement et à des conditions parfois irresponsables au plus grand tort de nos communautés. C'est le cas, par exemple, de la montée en puissance de l'industrie de panification dont l'importation mensuelle et annuelle du blé coûte une fortune au pays en sortie de devises. Il est démontré que si 1/10 des sommes consacrées à l'importation du blé était consacrée au développement de la culture du manioc et autres produits locaux (et même de la culture du blé, comme l'a tenté la MIDEMA au Kivu), le pays et la population en bénéficiaraient largement. Au contraire, nous finançons des investissements qui détournent les habitudes alimentaires de la population au profit des matières premières étrangères.

On se souviendra que la chikwangue et le « *fufu* » étaient les premiers repas du matin avant d'aller à l'école ou au travail, ce qui donnait au paysan du travail pour produire plus et davantage, et permettait au pays de réaliser des économies en devises nécessaires pour le développement d'autres secteurs (éducation, infrastructures, santé,...). Cette inconscience peut être illustrée par d'autres exemples. Le cas de l'importation massive de « *mpiodi* » (chinchard) au détriment du développement de l'industrie de pêche locale. La quantité d'argent consacrée à l'importation permettrait de développer cette industrie locale prometteuse. Il en est aussi du développement de l'élevage. En bref, c'est par cette transformation des mentalités et cette prise de conscience par l'action conjuguée de l'éducation mésologique et traditionnelle que nous serons en mesure d'accepter ce qui est bon et de refuser ce qui est mauvais pour notre développement et notre environnement suivant l'intérêt exprimé par les communautés, car, en effet, il ne faudrait pas aller à l'encontre de leur volonté exprimée. Cette prise de conscience doit se manifester de nos institutions et dirigeants à nos communautés. Par exemple, la détermination de la population de Kinshasa à faire échec à l'infiltration des rebelles en Août 1998 est une marque de conscience exprimée par cette population vis-à-vis d'elle-même pour assurer sa paix et sa sécurité. Un autre exemple qui peut nous inspirer davantage, c'est le refus par le peuple kasaïen de consommer les coupures de billets (dites prostate) de la réforme monétaire de l'ex-Premier Ministre Birindwa. Au-delà de toutes les spéculations, le peuple kasaïen avait survécu en refusant ce qui aurait nui, dans son entendement, à son développement socio-économique. Cet exemple doit inspirer les différentes communautés du pays dans la promotion de leur développement en refusant la réalisation de certaines actions de développement contraires aux objectifs et à l'éthique du développement véritable et durable. Il s'agit de tenir compte des effets défavorables que peuvent avoir les projets de développement sur les ressources, l'environnement et le développement des communautés. On citera à titre d'exemple le choix des consommateurs Américains : « *A third of american consumers said that the primary goal of business should be building a better society - and are willing to support those that do so, seizing the chance to make a positive contribution through their purchasing decision* »[57].

---

[57]   H. NOREENA, Global Capitalism and the Death of Democracy. The Silent Takeover, Ed.harperBusiness, New York, 2003, p.202.

BIBLIOGRAPHIE GENERALE

OUVRAGES

1.	**AUPETIT A.**	:	Essai sur la Théorie Générale de la Monnaie. Economie rationnelle, Librairie Marcel Rivière et Cie, Paris, 1957.
2.	**ALBERTINI J.M.**	:	Mécanisme du développement et sous-développement, Ed.Ouvrières, Paris, 1967.
3.	**ALTMAN D.**	:	Neoconomy. George Bush's revolutionary gamble with america's future, Ed. PublicAffairs, New york, 2004.
4.	**AMIN S.**	:	Le développement inégal. Essai sur les formations sociales du capitalisme périphériques, Ed. Minuit, Paris, 1973.
5.	**ASSIDON E.**	:	Les théories économiques du développement, Ed. La découverte, Paris, 1992.
6.	**ASHBY A.W.**	:	Pour une agriculture moderne, Ed.Internationales, Paris, 1966.

7.   **ATANGATA N.**   :   Travail et Développement, Clé, Yaoundé, 1971.

8.   **AYDALOT PH.**   :   Economie Régionale et Urbaine, Economica, Paris, 1987.

9.   **BANYAKU L.**   :   Les fondements économiques de l'intégration nationale, dans Fédéralisme, Ethnicité et intégration nationale au Congo/Zaïre, IFEP, Kinshasa, 1997.

10. **BADIKA NSUMBU**   :   Promotion du développement endogène, Aprodec, Mbanza-Ngungu/Bas-Congo, 1992.

11. **BADOUIN R.**   :   Agriculture et accession au développement. Collection CRE, Ed. A.Pedone, Paris, 1967.

12. **BALANDIER G.**   :   Sociologie actuelle de l'Afrique noire, PUF, Paris, 1963.

13. **BANGA L.**   :   The project approach to rural development, IPD/Douala, 1981.

14. **BERCE J.M.**   :   Contribution à l'étude des problèmes du reboisement et la conservation des sols. Région de Thysville (Mbanza-Ngungu), Ineac, Bruxelles, 1961.

15.	**BERG R.J.**	:	Stratégies pour un nouveau développement en Afrique, Ed. Economica, Paris, 1990.
16.	**BERNA M. and TORR J.D.**	:	Developping Nations, Greenhaven press, New York, 2003.
17.	**BERTHOMET J. et MERCOIRET J.**	:	Méthode de planification locale pour les organizations paysannes d'Afrique sahélienne, Ed. L'Harmattan, Paris, 1993.
18.	**BILLY J.**	:	La politique économique, PUF, Paris, 1961.
19.	**BOUGUERRA M.L.**	:	La pollution Invisible, PUF, Paris, 1997.
20.	**BONAMI M. et al.**	:	Management des systèmes complexes, De Boeck Université, Bruxelles, 1993.
21.	**BOUDEVILLE J.R.**	:	Aménagement du territoire et planification, Genin, Paris, 1972.
22.	**BUAKASA T.K.M**	:	L'impensé du discours « Kindoki et Nkisi » au pays Kongo du Zaïre, CERA, Kinshasa, 1980.

23. **CALORIE R. et al.** : L'action stratégique : Le management transformateur, Ed.Organisation, Paris, 1989.

24. **CEC** : Le processus de démocratisation au Congo. Obstacles majeurs et voies de solutions, Ed. Sécretariat Général de l'Episcopat, Kinshasa, 1996.

25. **CETRI** : Alternative Sud, Quel développement durable pour le Sud, Vol.IV, Centre Tricontinental, Louvain-la-Neuve, Belgique, L'Harmatan, Paris, 1995.

26. **CETRI** : L'avenir du développement, Centre tricontinental, Louvain-la-Neuve, Belgique, L'harmatan, Paris, 1997.

27. **COHEN D.S.** : The heart of change. Field grade. Tools and tactics for leading change in your organization, Harvard Business School press, Boston/Massachusset, 2005,

28. **CONDE J.R.** : Pré-projet pour la relance des activités agricoles et zootechniques dans la vallée de la Luala, FAO, Kinshasa, 1967.

29. **COOK A.** : American Accent Training, Ed.Barron's Educational Series, NY, 1989.

30.	CLASON G.S.	:	The richestman in Babylon. The success secrets of the Ancients. Ed. Aplumebokk, New york, 2005.
31.	DAISAKU I.	:	Cri d'alarme pour le XXI° Siècle, PUF, Paris, 1986.
32.	DASMAN R.F.	:	Préservons les ressources de la nature, Ed. Nouveaux horizons, Paris, Paris, 1968.
33.	DE DECKER H.	:	Le développement communautaire. Une stratégie d'édification de la nation, Mouton, Paris, 1967.
34.	DE CLERCK M.	:	L'éducateur et le villageois. De l'éducation de base à l'alphabétisation fonctionnelle, l'Harmattan, Paris, 1984.
35.	DE WOOT P. et al	:	La conduite des groupes industriels : Gestion stratégique et performance économique, CPDE, Louvain, 1983.
36.	DIANZUNGU S.B.	:	Endiguer la désertification, édition CVA, Kinshasa, 1991.
37.	DONELLA M., JORGENS R., MEADOWS D.	:	Limits to growth, Chelsea Green Publishing, USA, 2004.

38. **DRACHOUSSOFF V.** : Essai sur l'agriculture indigène au Bas-Congo, Ministère des Colonies, B.A.C.B., Bruxelles, 1947.

39. **DRACHOUSSOFF V., FOCAM A.; HECQ J.** : Développement Rural en Afrique Centrale 1910-1960/1962, Synthèse et Réflexion, Fondation Roi-Baudouin; Tome I-II, Bruxelles/Belgique, 1992.

40. **DUBOIS P. et al** : La croissance française, Seuil, Paris, 1972.

DUPUY J.P. : Rationalité sociale des politiques de santé, communication au Congrès de Tokyo de l'AISE sur l'économie de la santé et des soins médicaux dans les pays développés, 1974.

41. **DUPRIEZ L.H.** : Le progrès économique, IRES, Louvain, 1955.

42. **DUVIGNEAUD P.** : Les savanes du Bas-Congo, essai de phytosociologie topographique, Liège, 1949.

43. **ECKHOLM E.P.** : La terre sans arbres, Ed. Robert Laffont, Paris, 1977.

44. **EDEN KODJO** : Et demain l'Afrique, Stock, Paris, 1985.

45.	EDWENE G.	:	Four spiritual laws of prosperity, Ed. Rodale, USA, 2005.
46.	ERVIN L. et SEIDEL P.	:	Global Survival, Selectbooks inc, New York, 2006.
47.	F. de LAVERGNE	:	Economie politiques des Equipements collectifs, Economica, Paris, 1979.
48.	FARMER D.J.	:	To kill the king. Post-traditional governance and bureaucracy, Ed. M.E. Sharpe, New york, 2005.
49.	FAHEM A. KADER	:	Atlas du Bas-Congo, B.E.A.U., Dépt. TPAT, 1983.
50.	FAO	:	L'approche du développement par les systèmes d'exploitation et les technologies adaptées, FAO, Rome, 1998.
51.	FAURE E.	:	Apprendre à être, Unesco, Fayard, Paris, 1972.
52.	FOCAL COOP	:	Recherche, Vulgarisation et Développement en Afrique Noire, Karthala, 1987.
53.	FREUD C.	:	Quelle Coopération ? Karthala, Paris, 1988.

54. **FURTADO C.** : Le mythe du développement économique et le futur du Tiers-monde, PUF, Paris, 1970.

55. **FURTADO C.** : Théorie du développement économique, PUF, Paris, 1970.

56. **GEOFFREY M.B.** : Getting things done when you are not in charge, Ed. Berret-Koehler, San-Francisco, 1992.

57. **GREFFE X.** : Introduction dans Science Economique et Développement endogène, Unesco, 1986.

58. **GWARTNEY J. and all** : Common sense economics, Ed. St Martin's press, New York, 2005.

59. **HAGEN E.E.** : Economie du développement, Economica, Paris, 1982.

60. **HARTFORD T.** : The undercover economist, Ed. Random House Trade paperbooks, New York, 2007.

61. **HELMUT M.** : Science, Mind and the Universe. An introduction to Natural Philosophy, Ed.Wichmann-Heidelberg, 1995.

| 62. | **HEILBRONEL R. et THROW L.** | : | Economics Explained, Ed. Touchstone, New york, 1998. |

| 63. | **HERMAN E. D.** | : | Beyond Growth, Beacon press, Boston, 1996. |

| 64. | **HIRSCHMAN O.** | : | La stratégie du développement économique, Ed.Ouvrières, Paris, 1965. |

| 65. | **HUNTER L.** | : | Are the rich necessary? Great economics arguments and how they reflect our personal values, Axios press, New York, 2007. |

| 66. | **HUNTINGTON S.P.** | : | The clash of civilizations and the remaking of world order, Ed. Touchtone Boob, New York, 1997. |

| 67. | **HUYNH C.T.** | : | Participer au développement, UNESCO, Paris, 1984. |

| 68. | **ICKE D.** | : | Tales from time loop, Ed. Bridge of Love, MI/USA, 2003. |

| 69. | **ILLICH I.** | : | Energie et Equité, Seuil, Paris, 1974. |

70. IRAIDA A. : "The contribution of United Nations system to formulating development concepts", dans Different theories and practices of development, Paris, Unesco, 1982.

71. JACQUEMOT P. : Economie et sociologie du Tiers-Monde, L'Harmattan, Paris, 1981.

72. JAMES P. : Culture and Cognition: Rules, Maps and Plans, Chandler Publishing Company, London, 1972,.

73. JEAN PAUL II : Lettre encyclique Sollicitudo rei socialis sur la doctrine sociale de l'église, Ed.Saint Paul, Kinshasa, 1988.

74. JEAN PAUL II : Lettre encyclique "populorum progresso", Ed.Médiaspaul, Kinshasa, 1997.

75. KABALA MATUKA : Aspects de la conservation de la nature au Zaïre, Edition Lokole, Kinshasa, 1976.

76. KABALA MATUKA : Protection des Ecosystèmes et Développement des Sociétés, L'harmattan, Paris, 1994.

77. **KABATU SUILA B.** : Comment va l'Afrique ? Quelles conditions un pays doit-il remplir pour son développement, Ed. Les ateliers du pays, Jodoigne, Belgique, T.I, 1992.

78. **KAMENETZ A.** : General Debt. Why now is a terrible time to be young ; Ed. Riverhead books, New York, 2006.

79. **KARL M.** : Le capital, Ed.Sociales, Livre II, Paris, 1960.

80. **KARL M.** : Fondements de la critique de l'économie politique, Ed.sociales, T.II, Paris, 1960.

81. **KAYEMBE S.N.** : Le défi de l'ethno-démocratie, ethnie, tribalisme et démocratisation au Congo, Ed. L'observatoire, Kinshasa, 2000.

82. **KENNEDY D.** : State of the planet 2006-2007, Ed. Slandpress, Washington, 2006.

83. **KIMPIANGA M.** : Repenser le commerce au Manianga, CVA, Kinshasa, 1990.

84. **KI-ZERBO J.** : Compagnons du soleil. Anthologie des grands textes de l'humanité sur les rapports entre l'homme et la nature, Ed. La découverte/Unesco/FPH, Paris, 1992.

85.	KOTSCHI J. et al	:	Agriculture écologique et développement agricole, CTA/GTZ, RFA, 1990.
86.	KYNGE J.	:	China shakes the world. A titan's rise and troubled future and the challenge for America, Ed. Houghton Mifflin Co, New York, 2006.
87.	LACROIX J.L.	:	Industrialisation au Congo. La transformation des structures économiques, Ed. Mouton/IRES, Paris, 1968.
88.	LARRY B. and RAM C.	:	Execution. The discipline of getting things done, Crown business, New York, 2002.
89.	LEBRET L.J.	:	Dynamique concrète du développement, éd.ouvrières, Paris, 1961.
90.	LECOMTE M.	:	Plan détaillé d'étude régionale de développement agricole, BEI, AGRER et OCDE, Bruxelles, 1968.
91.	LEWIS W.A.	:	La théorie de la croissance économique, Payot, Paris, 1971.

| 92. | LOKA NE K. | : | Fondements politique, économique et culturel de l'intégration nationale, dans Fédéralisme, ethnicité et intégration nationale au Congo/Zaïre, IFEP, Kinshasa, 1997. |

93. | LOJKINE J. | : | Contribution à une théorie marxiste de l'urbanisation capitaliste, Maspéro, Paris, 1978.

94. | LOTT J.R., jr | : | Freedomnomics. Why the free market works and other half-baked theories don't ; Regnery publishing Inc. ; Washington DC, 2007.

95. | MCKIBBEN B. | : | Deep Economy. The wealth of communities and the durable future. Ed. Times Book, New york, 2007.

96. | MABIALA MUNTABA N. | : | Fédéralisme, Ethnicité et Intégration nationale au Congo/Zaïre, IFEP, Kinshasa, 1997:

97. | MAFWILA M. | : | Les neuf questions d'éthique agricole, Editions Academic Express Press, Kinshasa, 2006.

98. | MAHARISHI MAHESH YOGI | : | Creating an ideal society. Rheinweiler, West Germany, MERU Press, 1977.

99.	MAHARISHI MAHESH YOGI	:	Life supported by natural law, Age of Enlightenment Press, Washington DC, 1986.
100.	MALASSIS L.	:	Agriculture et Processus de développemet, Unesco, Paris, 1973.
101.	MALDAGUE M.	:	Etapes du développement technologique et évolution de la société, dans Problématique de la crise de l'environnement, 3°édition, Université Laval/Canada, 1980
102.	MALDAGUE M.	:	Gestion de l'Environnement Tropical, Vol.I, Université de Laval, Canada, 1988.
103.	MANGUELE E.D.	:	L'Afrique a-t-elle besoin d'un réajustement culturel, Ed. Nouvelles du sud, Paris, 1991.
104.	MARYSSE S. et DE HERDT T.	:	L'économie informelle au Zaïre, L'Harmattan, Paris, 1996.
105.	MALINVAUD E.	:	Théorie macroéconomique, Dunod, Paris, 1981.
106.	MASSOUD Z.	:	Terre vivante, Ed.Odile Jacob, Paris, 1992.

107.	MAZINGA M.	:	Economie sociale du marché. Expérience allemande et perspectives zaïroises, Bibliothèque du scribe, Kinshasa, 1992.
108.	MBOKOLO E., ANSELME J.L,	:	Au Coeur de l'ethnie. Ethnie, tribalisme et etat en Afrique, Ed. La découverte, Paris, 2005.
109.	MBAYA M.R.	:	Le développement endogène au Congo : Conception de la majorité silencieuse, FCK, Kinshasa, 1997.
110.	METTRICK H.	:	Recherche agricole orientée vers le développement, ICRA, Pays-Bas, 1994.
111.	MEZINOV J.D.	:	Développement communautaire, Un renfort pour la vulgarisation agricole, USAID, CRET, Paris, 1962.
112.	MICHAEL J. M.	:	Rational exuberance. Silencing the enemies of growth and why the future is better than you think; HarperBusiness, New York, 2004.
113.	MICKLETHWAIT J. et WOOLDRIDGE A.	:	A future perfect. The challenge and hidden promise of globalization, Ed. Crown business, New York, 2000.

| 114 | MILTON F. | : | Capitalism and freedom, Ed. The university of Chicago press, Chicago, 2002. |

115. **MINISTERE DE l'AGRICULTURE** : Enquête sur les sous-localités du Bas-Zaïre 1975, Tome II, Direction des études et politique agricole, Division de la Statistique agricole, Kinshasa, Janvier 1978.

116. **MINISTERE DE L'AGRICULTURE** : Monographie de la province du Bas-Congo, Kinshasa, 1998.

117. **MINISTERE DES COLONIES** : Aperçu sur l'économie agricole de la province de Léopoldville, Ministère des colonies, Bruxelles, 1955.

118. **MONOD TH.** : Qui règnera demain?, La quantité ou la qualité"?, dans Comptes rendus du premier colloque international sur l'environnement, Unesco, septembre 1979, cahier n°1, Paris, 1980.

119. **MOSTAFA K.T.** : Développer sans détruire, Pour un environnement vécu, ENDA, Dakar, 1984.

120. **MOYAUX M.R** : Lutte anti-savane et reboisement villageois, INEAC-FAO, Bruxelles,1965.

121.	**MUCHNICK J.**		Alternatives pour la transformation du maïs, ENSIA/GRET, Ministère de la coopération française, Paris, 1980.
122.	**MUHAMMAD Y.**	:	Banker to the poor. Micro-lending and the battle against world poverty, PublicAffairs, New York, 2003.
123.	**MYINT H.**	:	Les politiques de développement, Ed.Ouvrières, Paris, 1966.
124.	**MYRDAL G.**	:	Rich lands and poor, Harper, New York, 1957.
125.	**NGOMA NGAMBU**	:	Initiation dans les sociétés traditionnelles africaines (Le cas Kongo), PUZ, Kinshasa, 1981.
126.	**NICOLAI H.**	:	Luozi, Géographie régionale d'un pays Bas-Congo, ARSOM, Bruxelles, 1961.
127.	**NOREENA H.**	:	Global Capitalism and the death of democracy. The silent takeover, Harperbusiness, New York, 2003
128.	**NORRO M.**	:	Le rôle du temps dans l'intégration économique, Ed. Nauwelaerts, Louvain, 1962.

129.	NORRO M.		Economie Africaine. Analyse économique de l'Afrique subsaharienne, Ed. Universitaires, De Boeck, Bruxelles, 1994.
130.	NYE Ph. et al	:	The soil under shifting cultivation, ENDA, Dakar, Cah.Techn., Bulletin n°51, 1965.
131.	NYEME TESE J.A.	:	Le chrétien et le développement de la nation : Autour de l'exhortation pastorale des évêques du Zaïre, Ed. Sécretariat Général de l'épiscopat, Collection Afrique et Développement 2, FCK, Kinshasa, 1994.
132.	NZANDA BUANA K.	:	Economie zaïroise de demain : Pas de navigation à vue, éd.Prosdé, Kinshasa, 1995.
133.	O'CONNOR J.	:	Les fonctions contemporaines de l'Etat in Xavier Greffe, Economie publique, Economica, Paris, 1975.
134.	ORMEROD P.	:	Why most things fail ? Evolution, Extinction and Economics ; Wiley&sons, New York, 2005.

135. **O'ROURKE P.J.** : The wealth of nations, Grove press, New york, 2006.

136. **PAUWELS L.** : Nzayilu N'ti, Guide des arbres et arbustes de la région de Kinshasa/ Brazzaville, Meise, Ministère de l'agriculture, jardin botanique national de Belgique, 1993.

137. **PERROUX F. et al** : Recherche et Activité économique, Armand Colin, Paris, 1969

138. **PISANI E.** : Pour l'Afrique, Ed. Odile Jacob, Paris, 1988.

139. **PNUD** : Guide pour la mise en oeuvre de l'approche-programme, Pnud, New York, 1989.

140. **PNUD** : Rapport mondial du développement humain, Ed.Economica, Paris, 1991.

141. **PNUD** : Rapport mondial du développement humain, Ed.Economica, Paris, 1992.

142. **PNUD** : Enquête Nationale sur la situation des enfants et des femmes au Zaïre en 1995, ENSEF-ZAIRE 95, PNUD-UNICEF-OMS, Rapport final, Kinshasa, Février 1996.

143. **PRADES J. A.** : L'éthique de l'environnement et du développement, Collection Que sais-je?, PUF, Paris, 1995.

144. **PRADERVAND P.** : Une Afrique en marche, La révolution silencieuse des paysans africains, Plon, Paris, 1989.

145. **ROMANIUK A.** : La fécondité des populations congolaises, Mouton, Paris, 1966.

146. **RONDO C.** : A concise economic history of the world. From the paleolithic times to the present, Ed.Oxford Press University, Oxford, 1993.

147. **ROSTOW W.W.** : Les étapes de la croissance économique, Seuil, Paris,1963.

148. **RUYTINX J.** : La morale bantoue et le problème de l'éducation morale au Congo, ULB, Belgique, 1960.

149.	SACHS J.D.	:	The end of poverty, Ed. The penguin press, New York, 2005.
150.	SCHULTZ T.W.	:	Il n'est de richesse que d'hommes, Payot, Paris, 1983.
151.	SEGERS J.	:	Des animateurs pour construire le pays, INADES, Kinshasa, 1965.
152.	SEGHERS J.	:	Les conditions du progrès humain, CEPAS, Kinshasa, 1996.
153.	SHAPIRO T.M.	:	The hidden cost of being african american. How wealth perpetuates inequality, Ed. Oxford Press university, New York, 2004.
154.	SHOMBA K.S.	:	Méthodologie de la recherche scientifique, PUK, Kinshasa, 2002.
155.	STEPHEN C. S.	:	Ending Global Poverty, Palgrave Macmillan, New York, 2005.
156.	STEPHEN E.	:	L'Afrique maintenant, Karthala, Paris,1995.
157.	STEPHEN L.I.	:	Politique de population, Columbia University, Columbia, USA, 1991.

158. STEVEN D. L. et : Freakonomics. A rogue economist
      STEPHEN J.D.   express the hidden sick of everything,
                        Harper Collins, New York, 2005.

159. STEVEN E. L.   : More sex is safer sex. The
                        unconventional wisdom of economics,
                        Free press, Newy York, 2007.

160. SUDHIR A.   : Off the books. The underground
      VENKATESH A.   economy of the urban poor, Harvard
                        University Press, Massachussetts, 2006.

161. TEVOEDORE A.   : La pauvreté, richesse des peuples,
                        L'harmattan, Paris, 1978.

162. TOLLENS E.,   : Nourrir Kinshasa, L'Harmattan, Paris,
      GOOSSENS F.,   1994.
      MINTEN B.

163. UNESCO   : Compte-rendu sur la conférence sur
                        l'éducation relative à l'environnement,
                        Tbilissi du 14-26 octobre 1977,
                        UNESCO, Paris, 1978.

164. UNESCO   : Participer au développement, Unesco,
                        Paris, 1988.

165. VAN PARYS J.M. : Petite introduction à l'éthique, Ed.
                        Loyola, Kinshasa, 1993.

166.	**VANSINA J.**	:	Introduction à l'ethnographie du Congo, Ed.Universitaires du Congo, CRISP, Kinshasa/Bruxelles, 1966.
167.	**VAN WING J.**	:	Etudes Bakongo, Sociologie-religion et magie, 2°éd.Destlée De Brouwer, Bruxelles, 1959.
168.	**VILLENEUVE C.**	:	Qui a peur de l'an 2000 ? Guide d'éducation relative à l'environnement pour le développement durable, Unesco/Multimondes, Canada, 1998.
169.	**WADE L.**	:	The ten commandments, Ed. Gerald Wheeler, USA, 2006.
170.	**WARSH D.**	:	Knowledge and the wealth of nations. A story of economic discovery, Ed. W.W.Norton & Co, New York, 2006.
171.	**WICKHAM S.**	:	Economie des transports, Sirey, Paris, 1969.
172.	**WOLFENSOHN J.D.**	:	Les défis de la mondialisation. Le rôle de la banque Mondiale, Banque Mondiale, Washington DC, 2001.